教師の言葉でクラスづくり

クラスを育てるいいお話

多賀一郎 編　チーム・ロケットスタート 著

明治図書

はじめに

学級には言葉が必要。子どもたちの指針となる言葉が。

教師は日々、子どもたちに言葉を投げかけています。それらは、もちろん、先生によってさまざまです。

身近にいる先生が子どもたちの前で話す言葉を聞いて、

と感心したり、同じ言葉を使っていても、子どもののせ方の違いに驚いたりしたことはないでしょうか。

優れた実践家は、言葉の用い方も優れている。その言葉と使い方のエキスを少し伝授してもらえたらいいのではないか。

それが、この本の主旨です。

執筆者は、中堅からベテランまでそろっています。現場で今、子どもたちと真剣に向き合いながら、子どもの姿を肌身で感じながら、投げかけられる言葉には力があります。迫力があるのです。

この本は手元に置いて、教室で何かあったときにぱらぱらとめくってみて下さい。自分では考えつかないような言葉にピンときたり、自分の共感できる言葉に出逢ったりするでしょう。

ヒントを受け取られた皆さんには、ご自分の教室でおおいに使っていただきたい。それが執筆者全員の願いです。

２０１６年　子どもたちの真剣なまなざしを思い浮かべながら

多賀　一郎

学級には言葉が必要。
子どもたちの指針となる言葉が。

こんな先生に
おススメです

つい、だらっとしゃべっちゃった。
子どもの心をグッとひきつけるような
気の利いた話をしたいなぁ。

子どもの心をグッとつかむ言葉で
教師の思いを伝えてみませんか？

とっさの「こんなとき」のために珠玉の言葉を集めました。

とっさの「こんなとき」こそクラスを育てる力ある言葉を！

目次

目　次

学級開きで思いを伝えたいとき

クラスのまとまりをつくりたいとき

目　次

他人を尊重することの大切さを伝えたいとき

目　次

1章
言葉がクラスを育てる

学級を変える「言葉」を語ろう

85回生

三年宣言

けんかもする、
すっきりするまで。
言いたいことは、
がんばって言う。
だけど、言ったことには
責任をとる。

学級というものは、もともと自然な状態なのではありません。たまたま同じ地域にいたために、偶然一つのクラスに入らされてしまったという特殊な場なのです。

本来はばらばらなのが自然な状態なのです。その子どもたちをまとめていくためには、さまざまなてだてがありますが、言葉も大きな力となります。

学級のスローガンや学級目標というものが教室の前面に掲げられているのを見たことはあるでしょう。いや、多くの教師はそういう掲示をしてい

みんなが楽しいとき
つまんない顔をした子がいたら、
「どうして」と気持ちをたずねる。
なっとくしないと
すっきりしないぞ。
苦しんだりこまったりしてたら、
あったかい声をかける。
「いやなことは、分けようよ。」
ここには、そんな、仲間がいるぞ。
だから、
みんなが
気持ちよく
くらせるんだ。

るのではないでしょうか。

上の「三年宣言」は、１９９８年度の僕の学年で掲げたものです。

このときは、子どもたちに言葉を意識させることに力を注ぎました。

新しい学年になって、どのような言葉を子どもたちに伝えるかは、学級づくりの中心になる大切なことです。

子どもたちが何かにつけて口にできるような言葉を選び、子どもたちに示しましょう。教師の願い、子どもの現状からのめあて、そういうものを表現します。それが学級をつくるスタートの言葉になるのです。

「言葉」で学級の背景をつくろう

学級の背景とは、学級にいつも流れているムード音楽のようなものです。モーツァルトやレイモン・ルフェーブルのサウンドが教室にいつも流れていたら、落ち着いた明るい感じを醸し出すでしょう。バッハやヘンデルだと格調高くて、なんとなく気品のあるムードになるでしょうし、フリージャズでは落ち着かない状態になります。『葬送行進曲』がずっと流れていたら、暗い教室になってしまいかねません。

音楽と同列には扱えませんが、言葉もまた学級の背景となって、子どもたちに影響を与えていくのです。

先生が口癖のように

「自分で考えろ。自分で考えろ。」

と言うクラスがありました。子どもたちは否応なく自分で考えるのがあたりまえだというふうになっていきました。子ども同士でも

「自分たちで考えよう。」

と、言い合うようになっていったのです。

もっとも、この先生は本当に子どもたちに任せる先生で、自分で考えたことを認めて子どもたちの考えを尊重した学級運営を行っていました。言葉だけが独り歩きして先生の指導と一体化していなかったら、学級に根付いていくことはありません。常に、言っていることとしていることとの相合性が必要なのです。

「人にやさしく、自分に厳しく」という言葉をスローガンにしていた先生がいました。教室の前面にその言葉が貼り出されていました。

しかし、その先生は授業に遅れてきた子どもを強く叱責するけれども、自分はしょっちゅう授業に遅れてきて謝りもしなかったのです。つまり、人には厳しいけれども自分にはあまい典型のような人でした。当然、そのスローガンが学級の子どもたちに定着することはありませんでした。

教師の発する言葉、特に学級の背景となる言葉を使うときは、その言葉と教師自身の哲学とが一致していなければなりません。そうでないと、言葉は宙に舞い、「絵に描いた餅」になってしまうのです。

「言葉」で学級の方向づけをしよう

学級には方向づけが必要です。集団として歩んでいくのだから、そのときそのときの対応だけで方向づけをしないということは考えられません。

言葉には、その方向づけをできる力があります。

よく禅寺の掲示板などに格言めいたことが書いてあります。目にしたことはないでしょうか。

「三人同行、必有一智」（仲間が先生）とか「言うは簡単、行うは難し」とかいう言葉。こうしたものは、人生の生きる道を言葉で示しています。

教室にもそういう言葉が必要です。教室では先生が子どもたちに語らなければならない場面が幾度もあるのですから。

喧嘩やいじめ、差別のようなトラブルが起こったとき。子どもたちに怠ける風潮が出始めたとき。つらいことがあって、心を奮い起こさねばならないとき。

その節目節目に語る先生の言葉にインパクトがなくて平板すぎるものであったら、子どもたちの心は動きません。

「今日の君たちは、詰めが甘かった。最後の最後まで気を抜かずにやり通すことが大事だ。」

と言うよりも、

「百里の道も、九十九里をもって半分となすという言葉がある。今日の君たちは、まさしくそうだった。………」

と語る方がインパクトが強く、心に残りやすいのではないでしょうか。

言葉のもつ力を駆使して、子どもたちに向かってほしい方向を示しましょう。

2章
クラスを育てる言葉

姿で見せよ

学級開きのときの所信表明はとても大切です。

担任としてどんなクラスにしたいかを明確に伝える一日です。しかし、学級開きは連絡することが多く、実はとても大変です。そこで、私は、子どもたちが具体的にどのように動いていけばよいかをできるだけ明確に伝えるようにしています。

私の場合、

「姿で見せよ」

であり、それを具体的にしたのが、

「見せる・つくる・つなげる」

です。

これは、三つのフレーズと呼ばれるもので、よく英語を学ぶときに使う言葉です。例えば、「ホップ、ステップ、ジャンプ」のように、ずっと記憶に残るというのが特徴です。

「今日から、新しいクラスが始まるね。最高学年、いよいよ、6年生だ。6年1組は、まず、6年生としての姿を見せてほしい。そして、6年生らしい学級をつくろう。そして、6年生としての取り組みを次の6年生につなげていこう。」

という話をよくします。

私の場合、「○年生らしい姿」という言葉もよく使います。その学年にあった姿を自分で考えて、見せていこうと伝えます。

こうした姿をまず見せることによって、信頼を得ることができ、その上で自分らしいクラスをつくっていこうとよく声をかけています。

4月は何度も何度も繰り返して伝えることがとても大切です。とくに学級開きで伝えた言葉は何度も繰り返すことが大切です。

〈長瀬　拓也〉

仲よくなるには、よい所を見つける

新年度の初日、出会いの日にどんな話をするかは、そこから先の1年間を左右するほどの大きなことです。

「今ここで『先生は君たちが大好きです』って言ったら、うそですよね。先生は君たちのことを全然知らないから、まだ、好きでも嫌いでもありません。でも、これから、君たちを好きになっていきます。君たちにも先生を好きになってほしいと思います。無理に『好きにならんかい！』って言ってるんじゃないですよ。好きになってくれたら、うれしいということなんです。君たちだって、学校に毎日来るのに、担任の先生が嫌いだったら、楽しくないでしょ。

好きになるには、いい方法があるんです。それはね、相手のよい所を見つけることなんです。よい所を見ていると好きになってくるものです。その逆で、相手の悪い所ばっかり見ていくと、好きになるのは難しいでしょ。先生は、君たち一人一人のよい所を見つけていきます。君たちには、みんな、輝くすばらしいよい所があるはずだと思います。それを見ていきます。

だから、しばらくしたら、先生は必ず君たち全員を好きになります。本当に先生がそうするかどうかは、これから君たちが確かめていくんですよ。」

初日は、受容的で笑顔とともに。

〈多賀 一郎〉

プラス１の心をもとう

４月の始業式の日、新しく出会った子どもたちの様子を細かく見ておきます。例えば、始業式の姿勢、教室に行くまでの歩き方、教室での目線、あいさつの仕方など見て留めておくことは山ほどあります。

その子どもたちの様子をもとに、学級開きで教師の思いを次のように伝えています。

「始業式、教室に行くまでの様子、教室に入ってからのみんなの様子をじっと見続けていました。すばらしい！　新しい学年になって、新しい気持ちで臨もうというのが、いろんな場面で見ることができました。例えば、始業式の姿勢。とてもいい姿勢でした！」

強く褒めます。強くはっきりと褒めることで、子どもたちの心にぐっと入っていきます。

子どもたちが笑顔で見つめてきます。そんな中、こんな言葉を付け加えます。

「中でも！（間）○○さんの姿勢はピカイチでした！　指がピンッと伸びていて、目が話をしている人から動かない。見ていてとっても気持ちがよかったです。ありがとう。」

○○さんの顔が、ますます笑顔でいっぱいになります。

「みんな、とっても姿勢がよかったです。その中でも人よりちょっと工夫しているなあと思った人が○○さんでした。これを先生は『プラス1の心がある』と呼んでいます。」

そう言って、黒板に「プラス1の心」と書いて、さらに、他の場面で見て留めた「プラス1の心」を感じた姿を次々と紹介していきました。

「○○君のあいさつの仕方は、プラス1の心があります。他の人より……。」

こんなふうに、ちょっとした工夫やがんばりを伝えるのです。子どもたちが次の日から「プラス1の心」を目指して動き出したのは言うまでもありません。

ちょっと他の人よりがんばっている姿・工夫している姿を「プラス1の心」という言葉で束ねます。その姿が手本となって、さらにプラス1をしようとする子どもたちが増えます。

〈福山　憲市〉

花心・根心・草心・素心

学級開きで必ず話す「四つの心」があります。その一つが花心です。

「1時間目の後、○○君と○○君が『先生、黒板をきれいにしましょうか』と言いに来ました。『ありがとう、頼むね。』先生は、とってもうれしかったです。2人に『花心』を感じました。(間)花心というのは、花のようにそこにいるだけで周りの人を幸せにする心のことです。○○君、○○君、花心をありがとう。」

二つ目は根心です。

「○○さんが、廊下のゴミをすっと拾っている姿を見ました。うれしかったあ。○○さんの姿に『根心』を先生は見ました。根心というのは、根のように見えない所で役に立つことを進んでする心のことです。○○さん、根心をありがとう。」

三つ目は草心です。

「○○君は、教室の窓開けを毎日休むことなく続けてくれました。本当に助かりました。

ありがとう。○○君の姿に『草心』を見たよ。草心というのは、草のように踏まれても風が強くても負けずにがんばって伸びていく、そんな心を言います。」

最後は「素心」です。

「花心・根心・草心の三つの心の話をしてきました。この話を素直に聞いて、すぐに真似をした人がたくさんいます。そういう人に『素心』を感じます。素心とは素直な心のことです。素直な人は、すぐに人のいい所を真似しますよね。」

これら四つの心の言葉が、子どもたちの人のためになる行動を起こす、いい人の行動を真似するきっかけとなります。多くの子どもたちの行動する心の支えとなるようです。


子どもたちの学力を培っていく前に、しっかりと心の力＝心力を学級開きで育てていく必要があります。身の回りの自然に例えた心の言葉四つが心の支えに変身です。

〈福山　憲市〉

〝自分の人生を大事にしたい〟と思う人は、ノートに○を書きなさい。

学級開きは、野口芳宏先生（元北海道教育大学教授）流に、カッコよく決めたいものです。

「『自分の人生を大事にしたい』と思う人は、ノートに○を書きなさい。『いやー、そんなことは思わない』という人は、ノートに×を書きなさい。」

もちろん、全員が○を書くクラスをつくっていかなければなりません。

「さて、二つ目の問題です。『いい人間になりたい』と思う人は、ノートに○を書きなさい。『そんなもん、なりたくない』と思う人は、ノートに×を書きなさい。」

ここでも、全員が○を書くクラスをつくっていかなければなりません。

「第3問！　そうであるならば、自分が気づかない悪い所があったときに、先生に叱ってもらいたいと思うか。いや、そこまでは頼まないか。

『気づかない所があったときに、遠慮なく叱ってほしい』という人は、ノートに○を書きなさい。『いや、ほっといてくれ』という人は、ノートに×を書きなさい。」

「先生だって、まだ未熟である。完成なんかしていない。だから、みんなとの行動の中で、これはよくないなと思うことを、先生が叱って、その叱ったことが、あるいは間違っているということがあるかもしれない。しかし、先生の言うことが正しいと思ったら、先生の言うことを素直に聞くんだな。先生を信じて、先生の言うことをきちっと守れば、必ず成長し、必ずいい人生が送れるようになる。先生は、そのためにこの1年間、一生懸命、みんなとつきあいたいと思っている。口うるさいと思ったり、おかしいなと思ったりすることはあるかもしれない。けれども、先生は、みんなの人生の、この学校における最高の応援者でありたいと思っている。そのことを忘れないでほしい。」

こういったことを、やはり始めにきちっと確認しておくことが、実は子どもたちとの関係を保つために、とても大切なことではないかと思っています。

〈古川　光弘〉

ゲン　コン　ポン―元気・根気・本気―

「ゲン コン ポン」とは聞き慣れない言葉だと思います。それもそのはず、子どものスローガンとして僕がつくった造語です。「元気・根気・本気」の頭をとって「ゲン コン ポン」としています。この言葉は、学級目標にしたり、学級通信のタイトルにしたりしていつでも使える合い言葉の一つにしています。子どもたちには次のように語ります。

「気」という言葉は日本ではとてもよく使われます。「本気を出す」「根気がある」「元気でいる」など、気を使う言葉には、普段から大切と言われることが含まれています。

「本気」「根気」「元気」というのを、1本の木に例えると、「本」とは木の幹です。「本気を出す」とは、木の幹がピンと上に向かって立つように、次の目標に向かって真剣に取り組むことです。「根」は、木の根っこです。次の目標に向かってぐんと伸びる木の幹を支えるには、根っこが必要です。「根気」とは、今やることを大切に、粘り強く取り組むことを言います。そして最後に「元」とは、根っこを支える土です。もともとの土がよくないと、木の根は強く張れません。根が張れない木は、まっすぐ立ちません。「元気」がまずは大切ということです。

クラスの「元気」は、まずはみんながお互いに認め合える雰囲気から生まれます。「元気」なクラスでは、諦めずに粘り強い「根気」をもって取り組む子が出ます。「根気」が広がると、次の目標に向かって「本気」で高め合えるクラスになります。「元気」「根気」「本気」の「ゲン コン ポン」を合い言葉に、次の目標に向かってお互いに高め合えるクラスをつくっていきましょう。

子どもの発達段階に応じて、黒板に木の絵を描くなどして説明するといいでしょう。

「元気・根気・本気」と大事にしたい言葉を「ゲン コン ポン」のようなスローガンに。いつでも気軽に合い言葉のように言えるものをつくっておくといいですよ。

〈桔梗 友行〉

個の主張と集団による調和を

学級開き。子どもたち一人一人が、新たな希望と期待を胸に、一様に目を輝かせているのではないでしょうか。子どもたちの心に、すうっと言葉が染み入っていくそんなときだからこそ、とっておきの言葉で担任としての願いや思いを伝えたいものです。

「みなさん、『虹』『ジグソーパズル』『ちゃんこ鍋』『ハーモニー』……、これらに共通することってどんなことかわかりますか。実はその答えにこそ、先生のこのクラスに対する願いが隠されています。

例えば『虹』。雨上がりの空に美しく架かる橋。その橋は七色の光を放っています。そして見事な調和を見せてくれます。

もし、虹が一色だったら……。確かに調和はとれているかもしれませんが、実につまらない、なんの魅力もないものになってしまうでしょう。みなさんは一人一人違います。それぞれの個性をもっています。それぞれが自分の色の光を思いっきり放ってほしい。もし、七色がバラバラだったら……。色とりどりでにぎやかかもしれませんが、調和などない、『虹』とは言えないものとなってしまいます。一人一人がバラバラの学級など、もはや集団ではありません。群れです。そこには無秩序と混乱があるだけです。

七色の光を美しく放ちながらも、調和を保っているからこそ、虹なのです。『ジグソーパズル』だって『ちゃんこ鍋』だって『ハーモニー』だって同じ……、個を主張しながらも、集団による調和を意識してがっちりと固まる……、そんなクラスを、みんなでつくり上げていきたいですね。」

ありきたりなことでも、表現が変わるとぐっと心に届くことがあります。そんな言葉で、1年間のゴールイメージと、これからの生活への意欲をもたせたいものです。

〈西村　健吾〉

きれいな教室はきれいな心につながる

学年の始まりに自分の教室をきれいにすることは、自分の生活を大切にしていることだと伝えます。４月当初、目の前のゴミをまたがない子にしたいと思い、子どもたちに語りかけます。もしも、自分の教室という思いが育てば、拾ってゴミ箱に捨てるだろうし、他人事のように感じているなら、それは誰かのゴミだから関係ないと思うでしょう。

そこで、「割れ窓理論」の話をします。ゴミを拾わないという小さなことを放っていると、やがて、大きな犯罪につながるということと、大きな犯罪を減らすために、小さなことをコツコツ積み重ねて、ニューヨークや札幌のすすきので犯罪率が低下したことを示します。

「ゴミを放っておくようなことを続けていると、自分たちを苦しめる大きな問題が起こってしまうような学級につながってしまいます。そして、最後に、

「きれいな教室は、みんなのきれいな心を育てるために必要なのですよ。」

と、伝えます。この話をした後に、早速、女子数名が3、4時間目の図工で汚れてしまった教室を進んできれいにしてくれたことがありました。思いっきりお礼を言い、学級通信でもその様子を紹介しました。みんなにも浸透してくれればいいなという思いをこめつつ、押し付けにはならないように、気をつけます。

「みんなのために働いてくれたお掃除ガールズ、再び！お昼休みに、『教室が汚いので掃除してもいいですか？』と笑顔の○○さんと△△さん。早速お願いすると、協力隊の□□さん、○△さん、△□さんも参加して、掃き掃除をしてくれました。ありがとう！きれいな教室は、きれいな心につながりますよね！」

「きれいな教室」は、きれいな心をつくるという思いと、自分の居場所としての学級という考えをもってほしいという二つの願いをこめた言葉です。

〈戸来　友美〉

クラスのまとまりをつくりたいとき

一人はみんなのために　みんなは一人のために

「ワン・フォー・オール　オール・フォー・ワン」の日本語訳の言葉です。もともとは、「三銃士」の言葉だそうですが、チームプレーを高めるスローガンとしてよく使われています。クラスも一つのチームとして考えると、子どもたちに伝えたい大事な言葉です。

算数の授業中のことです。割合の文章題がわからなくて困っている子がいました。すると、隣の席の子が自分のノートに数直線を書いて説明しています。さらに、前の席の子が後ろを向きながら「どう。ここまでわかる。」と聞いています。自分の問題ができたら、ドリルをやっておくという指示をした後でした。授業の終わりのときに話しました。

「『一人はみんなのために　みんなは一人のために』という言葉があります。チームのために、一人一人が勝手なことをするのではなく、みんなのために行動する。そして、チームの一員としてがんばる一人のために、みんなが手を尽くす。そんなチームをつくるという意味です。今日の算数の授業でそんな様子が見られました。○○さんと△△さんは、班の友だちが困っている様子を見て、自分のノートに説明を書いて教え始めました。自分の勉強を進めることもできたのに、みんなの役に立つためのことを選んで始めたのです。自分の問題を進めなさいという先生の指示もありましたが、みんなの役に立つために考えた行動だったのでしょう。」

高学年になるにつれて、自分たちで考えて行動する場面を増やしたいものです。子どもたちは、任されることで成長します。そのためには、「みんなができる」ための行動を促すことも必要です。「みんなのため」に考えた行動であれば、子どもたちに任せてみる。そして、みんなが一つのことを達成するチームになる。そんなことを目指す言葉です。

一人一人が考えて、みんなのために行動する。高学年になれば、クラスをそんなチームとしてまとめたい。そんな思いを表す言葉です。

〈桔梗　友行〉

一致団結

この言葉は5年生の学年目標として1年間言い続けた言葉です。今時の子どもたちは、横文字大好き、カタカナ大好き。そこをあえて、古風な四字熟語にしようと学年団で考えて決めました。掲示するものも古風な書体で4文字をデザインしました。

4月の学年集会で学年目標について話をしました。「一致団結の意味について話をします。《一致》は何か一つのことにみんなで向かうこと。《団結》は団子になって結束すること。個人のパワーは限界があるかもしれないけど、集団のパワーは足し算ではなく掛け算なみのパワーを発揮するんだよ。」

団結の《団》の文字になぞらえて串団子の話もして、団子の絵を描いて見せました。「一方はきっちり真ん中を串が通っています。もう一方は、串は通っているけど、団子の大きさはバラバラ。串が通る場所もバラバラ。このバラバラの団子は串団子じゃないって思いますか?」「串団子はとりあえず串に刺さってたら食べられるよね。」団子=個性。串

＝ルールやマナー。という話をして、「大きさはバラバラでもいいから串から落ちてしまったらだめ。ルールやマナーを守りながら、個性は大事にしよう。自分らしさは集団の中でも出していこう。まっすぐに一本串は通して団結していこうよ。それが今年の学年目標、一致団結の意味です。」

その後ことあるごとに、一致団結をテーマに成長していった子どもたちでした。

いろんな思いや考えで学年目標を毎年考えますが、これは保護者にもわかりやすかったようで、学年目標としての一致団結もとてもしやすい1年間でした。

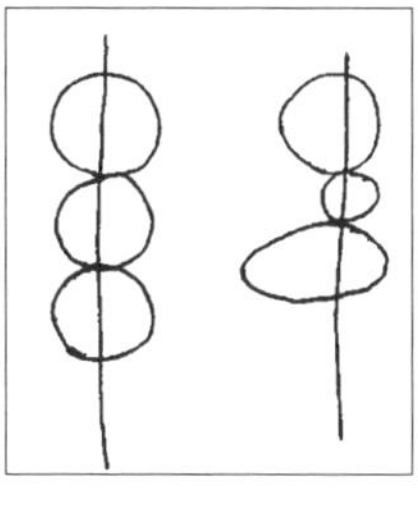

串団子の考え方は、旭山動物園が閉園の危機を乗りきった理由の一つ。『未来のスケッチ』（遠藤功著　あさ出版）に掲載されており、本の紹介としても使えます。

〈桜田　恵美子〉

いい所を合わせると大きな力になる

「こんな計算があります。『1＋1＝1より小さい』これはいったいどういうことでしょう。」こう問いかけると、子どもたちから、こんな答えが返ってきます。「クワガタ2匹飼ってたら、喧嘩して両方死んじゃう。」「欲張って2杯おかわりしたら、お腹いっぱいで食べられない。」

「こんな計算もあります。『1＋1＝3より大きい』これはいったいどういうことでしょう。」こう問いかけると、子どもたちから、こんな答えが返ってきます。「オスとメスのグッピーを飼ってたら、赤ちゃんを産んで3匹より多くなった。」「アイスを2人で買ったら、1人の子のが当たりだった。」

こんな問答の後に「『1＋1＝1より小さい』というのは、2人の人がいても協力できなくてケンカばかりでは、2人分はおろか1人の力さえ発揮できなくなってしまうということを表しています。『1＋1＝3より大きい』というのは、2人の人が仲よく力を合わせると2人分以上の力になるということを表しています。お互いに友だちのいい所を見つけて協力できれば、大きな力になりますね。自分や友だちの『いい所を合わせると大きな力』になるということです。」と話します。

自分のできることでクラスに貢献しているという自己受容と、友だちのよさを認め賞賛することで生まれる他者受容。この相乗効果を、計算式を使って考えさせました。クラスが30人なら、30人以上、みんなで100人分の力を発揮しようと話します。係の仕事も、給食の配膳も、掃除分担も、実はそれぞれがそれぞれの持ち場で力を発揮しているから、クラスはうまく動いているということに気づかせたいと思います。

ボール運動のポジション決めや、学校行事などの役割分担の際に、「いい所を合わせると大きな力」になるのだと自覚できると、役立ち感を味わえるでしょう。

〈藤木　美智代〉

悲しみは割り算、喜びは掛け算

子どもたちは、一人一人がそれぞれ人生を生きています。よいこともあれば、つらいこともあるでしょう。そのことを学級でどうとらえるかということを子どもたちに考えさせるための言葉です。

例えば、何かすてきなことで子どもが表彰されたり、校長先生に褒められたりしたときに、この言葉を使います。

「Aさんのもらった賞状を、クラスのみんなでの喜びだと考えれば、クラスの人数分掛け算になる。30人のクラスだから、喜びは30倍になるよね。」

また、家族に不幸があったり、悲しい出来事があったときにも使います。

「つらいことはね、信頼できる仲間や友だちに分けたら、少し軽くなるんだよ。30人の仲間全部に分けることができたら、悲しみは30分の1になるよね。そんなクラスになったらいいと思わないかな。」

悲しみは分け合える、楽しさは分かち合える、そういうクラスに育つことを願います。

学級は運命共同体でもあります。そのことは意識させたいです。

〈多賀 一郎〉

ペース・アップしよう

子どもたちの活動が全て遅くなるときがあります。

「音読がゆっくりしているので、先生、寝ちゃうよ。」

と言うほど全てゆっくりしています。集合も、板書を写すのも、なんだかゆっくりしていて、イライラしてしまいます。体育の体操までゆっくりしているので、リズムのない体操になっています。こういうときは、ペースをあげないといけません。

まずは、拍手。拍手の勢いと速さをもう一度徹底します。

次に、体育の準備運動を子どもに預けるのを一時ストップして、担任が前に立ってします。リズムよく体を動かして、それに慣れてもらわなければいけません。

授業では、全員ができるまで待つことをやめて、早めに進めます。全体のスピードをあげないと、教材が進まないからです。もちろん、どの子も落ちこぼれさせません。ついていきにくい子どもは、一人一人に対応してやっていきます。

でも、こういう状態のときは、ついていけないのではなくて、ついていかなくても気にしないという状態なのです。

子どもたちが自分たちで動き出すためにも、ペース・アップが必要なのです。

「ペースをアップしよう。なんでもゆっくりしていたらいいものではない。ペースアップしたら、自分たちの時間がつくれるんだよ。」

そう伝えます。

なんでもていねいにじっくりしていけば、教育が成り立つものではありません。

〈多賀　一郎〉

和して同ぜず　同じて和せず

私が集団づくりの中で一つ指針にしている言葉があります。孔子の論語の中の一節です。

「君子は　和して同ぜず　小人は　同じて和せず」

立派な人は、協調し仲よくするけれど、自分の考えをもって、自分の生き方をしていく。その一方で、成熟していない人は、何も考えず行動をともにしたり、楽しい楽しくないだけで行動しがちだけれど、全体を考えないで発言したり行動したりして、人ともめ事を起こすことが多くなる。そういう意味の言葉です。

「それぞれ意見が違うことは認める。しかし、小さなことが違うからと言って『折り合わない』ことは、格好のよいことではない。」そのように子どもには伝えます。そして、「誰かにくっついていくだけではダメだ。全体の雰囲気や楽しそうなことに流され誰かについていこうとする集団は、力のある集団ではない。」とも。

特に高学年になると社会性が育ち、興味関心、そして感覚が共通する友だちと行動をともにすることが多くなります。ただし、協力するべきときには協力できるようになっていなければ「集団」の存在価値は非常に薄くなります。学級を「チーム」として考えてみましょう。そう考えてみると、目的をもって協力するという姿が見えてくるはずです。正しく「和して同ぜず」です。

目的達成のために何ができるか、一人一人考え行動できる人が集まって協力する集団と、群れるけれど、何も考えをもたず、面白そうなことや楽しそうなことを選び、その一方で文句ばかり言っている集団では、どちらが望ましいでしょう。

子どもたちに問います。

「君子になりたいのか。それとも小人になりたいのか。」

子どもたち一人一人に、そして教師自身が、集団のあり方とその中での自分のあり方を考えさせる言葉だと考えます。

〈南　惠介〉

聞くは一時の恥　聞かぬは一生の恥

　この言葉は、知らないことを聞くのはその場では恥ずかしいが、聞かないで知らずに過ごすと一生恥ずかしい思いをするという意味の戒めのことわざです。聞かぬは末代までの恥とまで言うときもあります。高学年になるにつれ、「わからない」ということが恥ずかしくなってごまかすことも出てきます。そんなときに紹介したい言葉です。

「ある会社の入社試験がありました。面接官の人に、突然『合い言葉はなんでしょう。一回だけ答えられます。間違えたら不合格です。』と問われました。あなたなら、なんて答えますか。」

「えー。答えられない。」「適当に答える。」「その会社の名前を言う。」

「正解は、『わからないので、教えてください。』だそうです。」

「何それ～。」

「大人になって仕事についたあとで一番大切なことは、『わからない』ときには『教えてください。』と聞くことです。一番よくないのは、知ったかぶりをして自分で勝手に動いてしまうこと。自分一人の問題ではなく、周りにも迷惑をかけてしまいます。だから、わからないときは、『教えてください。』と聞くことが大切なんですよ。」というような話を交えて、「聞くは一時の恥　聞かぬは一生の恥」という言葉を紹介します。この言葉自体は、教訓の言葉なので入ってきやすい言葉です。でもちょっと説教くさく感じますので、子どもにもわかりやすい例を紹介した上で伝えたい言葉でもあります。

子どもたちの普段の様子から、「わからない」「できない」という言葉をとらえて、そうやって言えることを価値づけたりしながら紹介したいです。

協力するというと、わからない人を支えるイメージをもちがちです。でも、わからないという人が自分から「教えて」と言えることが本当は大事なのです。

〈桔梗　友行〉

教力と響力と強力

子どもたちが協力して、６年生を送る会の準備をする機会がありました。「力を合わせて、６年生を送る会を成功させよう」というスローガンを立てた子どもたち。ところが、実際にはなかなか互いに助け合って動けないのです。そんなときは、黒板に「協力」という漢字を書きながら、次のような話をします。

「協力という漢字は知っていますね。この『きょうりょく』というのは、いろんな漢字に変身するのを知っていますか。実は三つの漢字に変身します。一つ書きますね。『教力』です。『教え合う力』です。『きょうりょく』をするということは、そこに『教え合い』がないといけないということです。みんなはどうですか。６年生を送る会のためにいろいろと準備をしていますが、教え合っていますか。」

こんなふうに、子どもたちに問いかけます。何人かの子どもを指名し、様子を聞きます。「教え合いをしている人もいますね。これが全員になると、全員力となって『全力』の

『教力』になりますね。ところで、後の二つの漢字ですが気がついた人いますか。」

意外と浮かびません。

「実は『響力と強力』です。お互いの力を響かせる。お互いの力を一つにしてさらに強いものにするという意味をこめています。互いの力を響かせるためには、相手の意見をしっかりと聞く必要がありますよね。強くするためには、お互いに全力で臨む必要がありますね。もっとみんなの『協力』が変わると思います。三つの漢字を目指してがんばってくださいね。」

その日からすぐに協力の様子が、がらっと変わっていきました。

「協力」という漢字を、三つの漢字に変換するだけですが、子どもたちの心に意味がスーッと入っていきます。三つの力が合わさって「協力」になると信じて臨む姿になります。

〈福山　憲市〉

「三本の矢」の教え

グループで活動するときに、どうもコミュニケーションがうまくとれなくて、チームとしての力を発揮できないときがあります。そういうことが続いたときに、歴史の話として語ります。

毛利元就と言っても誰のことかわからなければ、説得力がありません。「厳島の戦い」の話などをして、戦国大名としてのしあがった毛利元就の話をします。

その後で、「その毛利元就」が死ぬ前に子どもたちを枕元に呼んで語ったという教えとして話します。

「ある日、毛利元就が3人の息子たちを枕元に呼んだ。そして、矢を1本ずつ与えて、『折ってみろ』と言った。もちろん侍の子どもたちだから、簡単に矢をへし折った。すると、今度は元就は3本まとめてわたして、そのまま折ってみなさいと言った。3本重なると、矢はどうしても折れなかった。

そのとき、元就は、『お前たち一人一人の力では敵に敗れても、3人が力を合わせれば負けないということだ。』と、諭したという話。君たちも同じだよ。力を合わせたら、もっともっとすばらしいことができるはずだよ。」

サッカー好きな子どもたちなら、「サンフレッチェ広島」の「サンフレッチェ」とは、三本の矢のことなのだと話せば、さらに心に残っていくでしょう。

説話は、案外子どもたちの心に残ります。

〈多賀 一郎〉

与えるは受けるより幸福なり

「プレゼントもらったことある人?」

と、子どもたちに聞きます。

そして、

「どんな気持ちだった?」

とさらに聞きます。

そして、逆に、

「旅行へ行ったとき、誰かにプレゼントを買ったことあるかな。どんな気持ちになる?」

と聞きます。

そして、子供たちに伝えるのが、

「与えるは受けるより幸福なり」(『新約聖書』―使徒言行録20章35節)

という言葉です。

「協力し合うってことは、実は見えないプレゼントなんだと先生は思っています。」という話をします。そして、協力してもらうのもうれしいけど、自分から協力していく方がより幸福なんだという話もします。プレゼントをもらったときも確かにうれしい。でも、それ以上にプレゼントを渡すとき、どんな表情をしてくれるかなと考えたり、そして渡したときの喜びを見たりしたときのうれしさなど、実は二重の喜びがあることを伝えます。そんなエピソードから、協力し合うってことは、実は相手にも自分にもプラスなんだよと話をしています。

協力し合うことは、自己犠牲だけではなく、自己成長にもつながることを理解させたいです。そして、協力し合える力はこれからの社会につながる力でもあります。

〈長瀬　拓也〉

花よりも、花を咲かせる土となれ

協力することの大切さについては、「何を今さら」といった価値かもしれません。しかし、本当の意味でどれだけその価値の大切さ、多様さに気づいているかと言えば、甚だ疑問です。例えば、協力することに対して子どもたちは、常に「50：50」で考えてはいないでしょうか。そんな硬直した協力感が、かえって協力することを妨げてしまうことも、子どもたちの生活の中には意外と多いのではないかという気がしてなりません。私は単に協力することの大切さに加え、そうした付加価値もセットにして伝えることにしています。

「花が咲くために必要な条件とは何でしょうか。花自身の意志はもちろんですが、『根・茎・葉』などの他の部分や、『日光』『土』といった環境も含まれるでしょう。これら全てが花を咲かせるために協力して初めて美しい花が咲くのです。花は注目されがちですが、花以外の部分がなければ、花は咲くことはないということです。

では、『花と土、どっちになりたい？』と聞かれたら、みなさんならどう答えますか。おそらく、「花」と答える人が圧倒的に多いでしょう。でも、次のように言う人もいます。

『花よりも、花を咲かせる土となれ。』

みなさんはこれまで、強い意志によって、美しい自分の花を咲かせてきましたね。でも、逆にたくさんの人の土となり、たくさんの人の花を咲かせてきたことがどれくらいあるでしょうか。自分で咲いた花もきれいなのだろうけど、誰かの土となって咲かせた花は、きっと大きく、そして、美しい……。質的・量的に均等な協力だけでなくときには自分の役割を意識し、誰かのために全力を尽くす。そんな協力もまた、『協力』の一つの形ですね。」

単に協力することの大切さからもう一歩踏み込んだ価値を伝えたい場合に有効です。献身性や相互扶助等の価値と併せて伝えたいものです。

〈西村　健吾〉

気がついたら行動にうつせる人に

掃除の時間の終わり頃に、気になったので椅子をひっくり返しては、椅子の脚についたゴミをこすり取っていました、素手で。

その姿に気づいた子どもが、だまって隣の椅子をひっくり返して、ゴミを取り始めました。

そのうちに、なんとなく男の子も女の子も何人かが手伝ってくれて、全部の椅子の脚がきれいになりました。

何人かは、全く気づいていませんでした。手伝ってくれた子どもたちの手は、真っ黒になりました。

ちらっと見て気づいていたけれど、自分のしたいことを優先していた子どもたちもいました。

子どもたちにビニル袋に入ったゴミを見せて、話しました。

「これは、君たちの椅子の脚の裏についていたゴミです。先生がこれを取り始めると、気がついた人が手伝ってくれました。気がついたけど、何もしなかった人たちもいます。気がつかなかった人もいます。

気がつける人、気がついたら、行動にうつせる人になってほしいと思います。」

気づいていて行動できなかった子どもたちも、顔をあげて聞いていました。

子どもには具体的な例で、「そのとき」に伝えなければなりません。

〈多賀　一郎〉

一人一人が懸命になろう

学習発表会のため、学年で歌の練習をしていました。気合は入らず、気持ちがばらばらで、音楽の先生の口調も、だんだんと厳しくなりました。そのときにこう言いました。

「君たちは、だんだんと上手になってきた。昨日よりも、ずっと声がよく出ている。でも、伝わってくるものがない。なあ、歌って、きれいに歌えたら、上手に歌えたら、それでいいものなんか？　歌には、心があるんやで。この歌の歌詞のことを考えて歌っているか？　この歌で君たちは頭の中にどんなイメージをつくっているのか、ぜんぜん伝わってこない。

早く終わりたいなあ、とか。運動場、楽しそうだなあ、とか。めんどうだなあ、とか。そんな気持ちで歌っていたら、いくら声だけよく出ていても、何にも人には伝えられない。

一人一人が自分でイメージをもって、心をこめて歌わないのだったら、やっている意味はないいんやで。」

子どもたちの心が動き出したことがわかったので、さらに、言いました。
「運動会で優勝したとき、みんな涙を流して感動したよね。それは、一人一人がみんな必死でがんばったからじゃないか。それと一緒で、自分が精一杯心をこめて歌って、それがみんなと一つになってすばらしい歌になったときに、初めて、自分もいい気持ちになれる。先生はみんなに、そのすてきな瞬間を味わってほしい。さあもう一度だけ歌おう。」
さっと立って指揮の若い先生を見つめた子どもたちの空気が変わりました。背筋が伸び、一人一人のまなざしが違っていました。その後の歌は、これまでと全く違っていました。子どもたちの心が声にのって、一つの歌になりかかっていたのです。

合唱の場合は、自分ががんばって仲間と声が重なったときに、子どもたちの心が大きく動きます。

〈多賀　一郎〉

情けは人のためならず

情けは人のためならずとは、「人のために情けをかけるのは、その人のためになるばかりではなく、やがては自分にも返ってくる。」という意味の言葉です。時々、「情けは人のためにならない。」という誤用が見られますが、全く逆の意味です。クラスの中で、誰かの役に立とうとすること。それは、ただやさしさという「徳」だけではなく、自分自身にとっても「得」であるということを伝えたいときに話します。

クラスの中には、リーダーとして活躍する子どもがいます。高学年になるにつれ、「なんで自分がそんなことをしなくてはいけない。」と面倒くさがる子どもも出てきます。困っている子にやさしくすることが、いい格好をしているように感じて恥ずかしがる子も出てきます。そんなときには、やさしいことをしている子のノートに一言こんな言葉を添えます。

「○○さん。今日の給食の時間に、こぼれたスープをそっと拭いてくれましたね。そういう○○さんのやさしさは、きっとめぐりめぐって自分にも返ってきますよ。『情けは人のためならず』です。いつもありがとうね。」

「○○さん。今日、□□さんが泣いているときにずっとそばにいてくれましたね。そのやさしさは□□さんだけじゃなくて、クラスのみんなにも伝わっていますよ。『情けは人のためならず』。○○さんが悩んだときにも、きっとみんな力になってくれますよ。いつでも相談してくださいね。」

一人一人のやさしさや思いやりについては、教師がまずは気づいて伝えることも大切です。そんな静かなリーダーシップを価値づけて、そっと言葉をかけてあげるのも教師の大切な役割だと思います。

目立たないやさしさや思いやりについては、みんなに伝えるよりも一人一人に伝える言葉かけも大切です。そんなやさしさが教師にもめぐりめぐって返ってきます。

〈桔梗　友行〉

心の貯金通帳は、見えないうちに貯まっていく

椅子に掛けてあった上着を離席した瞬間に落としてしまいました。そばを通りかかったある子がさりげなく拾ってくれていました。ノートやプリントを出すときに、いつも他の人の分も、きれいにして置いてくれる子がいました。鉄棒の逆上がりがうまくいかずに、何度も練習して、家に帰ってからも練習する子がいました。

こんな場面に出会ったときに、伝えたいのが「心の貯金通帳は、見えないうちに貯まっていく」という言葉です。

「みんな、貯金通帳って知っているよね？　お金を銀行などに預けると、どれぐらい貯まったのかが貯金通帳に書かれているんだよね。」低学年であれば、こんなふうに、まず貯金通帳は、貯まっているものが見えるものだということを確認します。

「『心の貯金通帳』というものがあります。さりげないやさしさや、くじけない、前向きな気持ちを毎日心に貯金しているなと思う場面があります。ただ、『心の貯金通帳』は、

目に見えません。目に見えないから、自分のやさしさやがんばりが貯まっていることに気づかないけれど、しっかり貯まっているのです。」

こんなふうに話をして、具体的に心の貯金を貯めていると思う子たちの言葉や行動を取り上げて、紹介します。

「マイナスの心の貯金もあります。心の貯金は見えないから、マイナスのことがどんどん貯まっていっても気づきません。マイナスのことは、見えないうちに貯まっていく怖さを考えなければなりません。だから、プラスの貯金を心がけるようにしたいですね。」

目に見えない積み重ねを大切にする。そんな子になってほしいと思います。

※通常、銀行にお金を預けることを「預金」と言いますが、ここでは子どもたちにわかりやすいよう「貯金」としています。

目に見える積み重ねは、わかりやすくて、子どもたちは、意欲ももちやすいです。でも、教室は、目に見えない積み重ねも大切だということを意識してほしいです。

〈大野　睦仁〉

わが身を抓《つね》って人の痛さを知れ

毎年必ず「ことわざカルタ」をします。20枚1組を1回分としています。

この20枚のことわざを選ぶときに意識しているのが、子どもたちの実態。こつこつやるのが苦手な子どもたちのときには、「ちりも積もれば山となる」が入ります。友だち同士で力を合わせるのが弱いときには、「三人寄れば文殊の知恵」などが入ります。思いやりをもっともってほしいと思ったときには、「わが身を抓って人の痛さを知れ」を入れます。

子どもたちには、次のようにことわざの説明をしています。

「抓る……この漢字を読めますか。」

「抓る」と書いた紙を黒板に貼ります。もちろん、読める子はいません。そこで、ヒントを出します。「抓る」の右の「爪」です。

「この漢字の右の部分『爪』は『つめ』と読みます。これがヒントです。」

こうすると、答えが子どもたちの中から出てきます。

「さすがですね。『つねる』……こう読みます。では、このことわざの意味はわかりますか。自分の身を抓って、人の痛さを知れと言っています。少し友だちと相談してください。」

「抓る」という漢字を読めるようになると、このことわざの意味もわかってきます。

「みんな、よくわかっていますね。ことわざの意味は、自分の体を抓ってみれば、他人が抓られたときの痛みが理解できるように、どんなことでも自分自身の身に引き比べ、人を思いやる心をもつべきだということ。また、自分がされていやなことは、人にもするなということです。」

このことわざが出てくるたびに「人を思いやる」という言葉が浮かぶ子どもたちです。

毎年取り組む「ことわざカルタ」を利用して、人を思いやることが大切だということを繰り返し伝えていきます。一つのことわざを聞くだけで「思いやり」を思い出すのです。

〈福山　憲市〉

心の温度差を縮めようとするのが、人間

人の気持ちを考えないような言動が見られたときに、子どもたちに話しました。

「温かいお湯の入った入れ物を冷たい水の入った容器に入れておいたら、どうなりますか。

冷たい方は温かくなって、温かいお湯は少し冷たくなりますよね。

人の心も同じなんですよ。

人間はみんな育ってきた家庭も家族も違います。つらい思いをしてきた人もいるし、楽しく幸せに暮らしてきた人もいます。どちらかがいけないって言っているんじゃないんです。人はみんな違う思いをもって生きているということなんです。

それを『心の温度差』と言います。

まず、そういうことがあるのだと知りましょう。そして、どうすればその温度差を縮められるのかということを考えていきましょう。そんなことのできるのは、人間だけなんで

すよ。誰かがしんどい気持ちになっているとき、自分がそう感じていなかったら、温度差ができているということなんです。

どうしたら温度差が縮められるかというと、人によって違っていいんだけれど、先生は『想像力』だと思います。相手の思いを想像することで、温度差が縮まるのではないでしょうか。」

難しい言葉でも、使い続けていると何人かに伝わっていきます。

〈多賀 一郎〉

○○の都合で行動せよ

相手を思いやる力（心）は、自分の心をコントロールする力として、身につけなければならない大切な力です。ところが、子どもたちにとってはこれがなかなか難しい……。平常時はいざ知らず、土壇場になるとどうしても損得勘定が顔を出し、心の底から相手を思いやった行動が鳴りを潜める……なんてこともしばしばです。そんな子どもたちの心に灯をともす言葉がけが必要です。

「『思いやる』とは『思い＋遣る』が語源です。この『遣る』とは、『そこへ行かせる・あげる』という意味で、転じて『思い（気配り）を相手に向ける』という意味につながるのです。つまり、『相手を思いやる』ということは、相手の立場に立ち、相手の都合で行動するということなのです。

例えば、困っている友だちに接する場合。ここでは自分の都合は控え、完全に相手の都合で行動せねばなりません。自分とは直接関係があろうとなかろうと、苦しんでいる友だちの悩みを長時間にわたって聞いてあげたり、必要に応じてその解決のために力を貸してあげたり、これら一見自分にとっては何のメリットもないようなことでも、相手の都合で行動することが『相手を思いやる』ということなのです。このことは、例えば下級生にやさしく接することも、道ばたで困っている人に声をかけることも同じなのです。

『情けは人のためならず』という言葉もあるくらいです。相手を思いやった行為は、いつか自分に返ってくることもあります。相手のために、自分の都合を犠牲にする、そんな力をしっかりと身につけていきましょう。」

バーチャルな世界ではない、生身の人間と相対する機会をとらえて伝えるとともに、相手の変容や喜びをシェアしながら、しっかりと心に根付かせたいものです。

〈西村　健吾〉

『でんでんむしのかなしみ』 ―絵本から―

私は、学級を受け持つと新美南吉の『でんでんむしのかなしみ』（大日本図書）の絵本を読み聞かせします。自分の殻いっぱいの悲しみの大きさに思い悩むでんでんむしが、友だちに自分のつらさを訴えます。しかし、どの友だちに聞いても、「わたしの殻も悲しみでいっぱいです。」といった答えが返ってくるだけ。そこで、でんでんむしは気づくのです。悲しみは人それぞれ抱えていて、自分だけではなかったということに。

この絵本を読むだけでは、子どもたちは何が言いたいことだったのか、わからないかもしれません。ですから、読み終えた後に、

「自分だけが悲しいと思っていたけど、でんでんむしは悲しみを抱える人が、他にもいることを知ったんだね。」

と伝えました。

その後、自分の悲しみだけに目を向けて、友だちを思いやれない子がいたときには、

「お友だちの心の中にも、それぞれ悲しみはあるんだよ。」と、伝えます。みんなも悲しいから、その子の悲しみが和らぐという簡単なものではないことはわかります。でも、それぞれが、立ち向かっているものがあって、そんな子が身近にいると思うことで少しでも力が湧いてほしい。そして、周りの子のやさしさにも気づいてほしい、と思います。

相手も悲しみがあると気づいたときに、思いやりの心が生まれるのだと思います。そこから、自分の悲しみを乗り越える一手をつかんでほしいと願っています。

〈戸来　友美〉

苦しいときの友が真の友

教室で泣いている子がいました。わけを聞くと、友だちに叩かれたといいます。そこで叩いた子どもを呼んで話を聞くと、確かに叩いたのは事実なのですが、それは先に悪口を言われたからだ、と答えます。その後もそれぞれの言い分を聞いて、謝るべき所は謝り、改めるべきことは改めるということで、指導を終えました。最後は２人ともすっきりした顔で握手をしました。

心配そうにことの成り行きを見守っていた子どもたちに、私は次のように話しました。

「いてくれてありがとう。カナエさんは、そばにナツミさんやタクト君がいてくれて、とても安心だったと思うよ。『苦しいときの友が真の友』という言葉がある。楽しいときだけ、遊んでいるときだけ仲間だというのは簡単なんだ。苦しそうにしている友だち、悲しい気持ちでいる友だちのそばにいられるってすてきだなあ、と思ったよ。カナエさん、いい友だちをもってるね。」もうすっかり泣きやんでいたはずのカナエさんの目が、またちょっと潤んでしまいました。

人間同士の生活ですから、教室にはトラブルはつきものです。子ども同士の関係が安定しないときには、日に何度もそうした場面に立ち会うこともあります。しかし、「人間関係のトラブルが起きている現場」で、かえって望ましい関係性が発揮されていることも決して少なくはありません。

それをしっかりと視野にとらえて、子どもたちへ返していきます。そうすることで、「こういうふうに友だちといれたらいいなぁ。」「友だちにはこんなよさもあるんだなぁ。」と感じる心が育ってくるのではないかと考えています。

子どもたちがお互いに関心をもちはじめると、人間関係は安定してきます。楽しい活動をしかけるのとセットで、こうした姿の尊さを子どもたちに返していきたいです。

〈藤原　友和〉

正直な答《こたえ》は、真の友情の印

子どもたちに投げかけてみたいことの一つに

「本当の友だちとは何か。」

というものがあります。子どもたちは、きっとさまざまな言葉を発するでしょう。

高学年になってくると、友だちとの関わりが難しくなります。そんなときに使いたい言葉です。私は、子どもたちに

「友だちと本当に仲よくなるってことは、実は勇気が大切なんだよ。」

といった話をします。

子どもたちは私のプライベートの話が大好きです。私が妻に叱られる話をよくします。喧嘩になってしまったことも。しかし、本当に大切に思っているからこその発言なんだよねと話をします。

そして、紹介するのが、

「正直な答は、真の友情の印（『旧約聖書』―箴言24・26）」

という言葉です。

正直に、誠実に、その人のことを思って伝える人になろうという話を子どもたちにしていきます。

大切なことは、こうした言葉を一度紹介するのではなく、子供たちの心に灯をともすぐらい伝え続けることです。

ちなみに、聖書によっては、「正しい答えをする人は、くちづけをする人。」と書かれています。夫婦にもあてはまる言葉です。

「友情の印、今日、見つけたかい。」と子どもたちに聞くようにしています。真の友情というフレーズは、格好いいので、男の子の心にも響きます。

〈長瀬　拓也〉

手をかけすぎず、目をかけることが友を育てる

友だちの大切さについては、子どもたちの心に刻むべき大切なことであることは言うまでもありません。しかし、中にいませんか？　友だちを助けたいと思う余り、その子の代わりに全てを請け負って何でもかんでも代役を務めようとする子が……。いませんか？　悪いことをして先生に叱られて泣いているのに、表層的に慰めて事態を薄めようとしている子が……。

これらは少し極端な例かもしれませんが、いずれにも共通するのは、長い目で見たときに、その行為が、友だちの成長をかえって阻害してはいないか……という点です。だからと言って困っている友だちを放置せよと言っているのではありません。問題は、そのタイミングと加減なのです。それらを子どもたちに教え諭すのは容易ではありませんが、私は次のような説諭をよく行っていました。

「本当に友だちを思いやり、助ける行為とは、『何でもかんでも手をかけすぎること』ではありません。だからと言って、『困っている友だちを放っておくこと』でもありません。大切なのは、『普段は手ではなく目をかけ続け、必要なときに手をかけること』なのです。みなさんのお家の方の子育ての極意と同じです。もしお家の方が、何でもかんでもみなさんのすべきことをしてくださったら、きっとみなさんは一人では何もできない人間になってしまうことでしょう。逆に全てのことを放っておかれたとしたら、みなさんは生きていくこともできないでしょう。普段は手をかけすぎず、されど目はかけ続け、本当に必要なときにだけ手をかけてこられたからこそ、みなさんはこんなにも立派に育ってきているのです。真の友情とは、そんな子育ての極意とよく似ているのです。」

表層的な友情感を一旦崩し、さらに上位の価値を伝えたいときに有効です。無論、子どもたちの実態や発達段階に応じて使い分ける必要があるでしょう。

〈西村　健吾〉

群れる友だちより群れない友だち

何をするときでも誰かと一緒にしか行動できない子どもがいます。女子、男子に限らずです。一人で何かをしようとしたときに、強く不安に感じる子どもがいます。そんな子どもたちは群れをつくろうとします。「だって、友だちでしょ?」というある種脅迫めいた言葉は、子どもたちが人間関係を築く上でとても重くのしかかります。一緒に行動するときがあってもよいのですが、いつもべったりすることは本当の友だちとは言えないかもしれません。

例えば、A児が休み時間にどうしても本を読みたいとします。そのとき、B児が机の横に張り付き、「ねぇねぇ」なんて話し続けたら、その子はどんな気持ちがするでしょうか。自分の思いをストレートに言えたり、相手が厳しいと感じる言葉をかけたりできる関係が本当の友だちではないでしょうか。決して、友だちという存在は相手に依存してはいけない。個々の自立があってこそ、よいつきあいができるのです。「あの子がいないと……。」

「あの子がするから私も……。」という考えや気持ちがあると、本人も周囲の人も成長できないかもしれません。だからといって、「無視をしなさい。」ということではないのです。自分が自分らしくいられる関係こそが、群れないよい友だちだということなのです。

以上のような話を高学年女子にしたことがありました。どうしても、一人でいることに強い不安感を抱くようで、常にべったりでした。トラブルもよく起こりました。近い存在に見えていても、実は遠い存在で相手を信頼しきれない薄く浅い関係だったのです。だからこそ、群れてしまう。一人でも大丈夫という精神的強さを身につけるきっかけにしてほしいという願いから、話をしました。その後、群れは少しずつ解消し、べったりする時間は少なくなりました。顔の表情や言動が、以前より明るくなり、別の子どもたちとも話したり、協力したりすることも増えていきました。

相手に合わせすぎてしまって群れている友だち関係からの脱却は、自立心が芽生え、誰とでも話をし、協力し、一人で活動するたくましさが身につきます。

〈中條 佳記〉

『わたしとあそんで』 ―絵本から―

友だちの大切さを伝えたいときには、絵本を読み聞かせます。

例えば『わたしとあそんで』という絵本があります。世界傑作絵本シリーズの一冊なので、すでに読み聞かせをしてもらっている子もいます。でも、周りにたくさんの友だちがいる中で話を聞くのは、家で聞くのとはちょっと違った感じになります。

「ここに一冊の絵本があります。『わたしとあそんで』（マリー・ホール・エッツ 文・絵　福音館書店）。今から、この絵本を読みます。どんな感想をもったか聞かせてくださいね。」

こう言って、絵本を読み聞かせします。

ちなみに、この絵本の感想に「あそんで～、と働きかけている間は逃げて行ってしまうのに、じ～っと待っていると近づいてきてくれるのは動物や虫だけでなく、子どももそんなふうに感じるときがあります。子どもは、『遊べてよかったね』といいます。純粋な心に感動する一冊です。」というのがあります。

「友だち」の存在について、改めて見つめ直すきっかけになる一冊の絵本です。

クラスの子どもたちに読んで聞かせても、多くの子どもたちが「遊べてよかったね。」と言います。「友だちっていいね。」と言います。そんな感想を引き出すすてきな絵本です。

同じように、この絵本をきっかけに「友だち」のことを考える絵本を何冊か読んで聞かせます。そのたびに、子どもたちは必ず言います。

「先生、またこんな絵本を読んでくださいね。心にジーンときます。」

絵本が子どもたちの心を動かします。絵本を通して「友だちの大切さ」を考えるようになります。


一冊の絵本の力は、教師の話の何倍もの力があります。子どもたちの心にずーんとくるものを読み終わった後に残します。絵本を読むだけで「友だち」のことを見つめ直します。

〈福山　憲市〉

愛の反対は憎しみではなく無関心

この言葉は、マザーテレサさんの言葉とも言われていますが、はっきりした出典はわかっていません。この言葉を聞いてはっとさせられるのは、憎しみをぶつけるよりも、無関心でいるということの方がよほど愛のない行為であるということに気づかされるからではないでしょうか。クラスの中でも、「知らなかった」「気づかなかった」というような言葉が聞かれることがあります。こういうときに紹介して、じっくり考えたい言葉です。

6年生の2月。社会の授業で国際社会について勉強しました。日本と関わりの深い国について勉強して、いろいろな国の文化について調べて勉強します。その単元の中で、「世界の紛争」について勉強しました。日本が戦後一度も戦争をしていないということは子どもたちは知っています。しかし、世界中のあちこちで、戦争、紛争、内戦が行われていることはほとんどの子どもたちは知りません。ある子がこんな感想を書きました。

「平和な社会っていうけど、もしかしたら私たちが知らないだけで、世界では平和とは感じられないことが起こっているんだと思った。」

「『愛の反対は憎しみではなく無関心』という言葉があります。『知らなかった』『気づかなかった』というのは、相手を知らないという意味では、もっともよくないことかもしれませんね。世界中について知ることはまだできないかもしれません。でも、自分の周りから、まずは知ろうとすること、気づこうとすること。そうやって、周りのことに関心を向けることが、人を大事にする、愛することの一歩かもしれませんね。」

この言葉は、子どもたちだけでなく、私たち教師も胸に刻んでおきたい言葉です。一人一人の子どもに対して関心をもって、愛情を注いでいきたいです。

まずは、相手のことを知ろうとする。関心をもつ。その一歩が大切です。クラスの一人一人がお互いに関心をもてるように、この言葉を伝えたいです。

〈桔梗　友行〉

タライの水を引っ張るな

人と関わるときは、自分を先にしない。そんなことを子どもたちに話したいときには「タライの水」という例えを使います。

黒板に、左下のようなタライの絵を描きます。中には、水が入っています。

「黒板に描いたタライの中には、水が入っています。今、どうしても水が欲しい。そんなとき、どうしてもタライを強引に自分の方に引っ張ってしまいます。そうすると、タライの水はどうなると思いますか。」

タライに「→」の矢印を入れます。強く引っ張っている様子を表すために、わざと太い矢印にします。

「タライの水は、大きな波となって相手の方に進んでいきます。迷惑をかけてしまいます。ところが、この逆で、水が欲しくても相手にタライをそっと差し出すと、水の波は自分の方に静かにやってきます。実はこの話は、人との関わりを例えたものです。自分のことばかり考える人は相手に迷惑をかけ、相手のことを考えて行動する人は、いつの間にか自分に幸せがやって来るということです。みんなは、タライを強引に引っ張る方ですか。それともそっと差し出す方ですか。先生はまだ、引っ張ってしまうときがあります。もっと努力しようと思います。」

この話をきっかけに子どもたちも、相手のことを考えて行動することが少しずつ増えてきました。

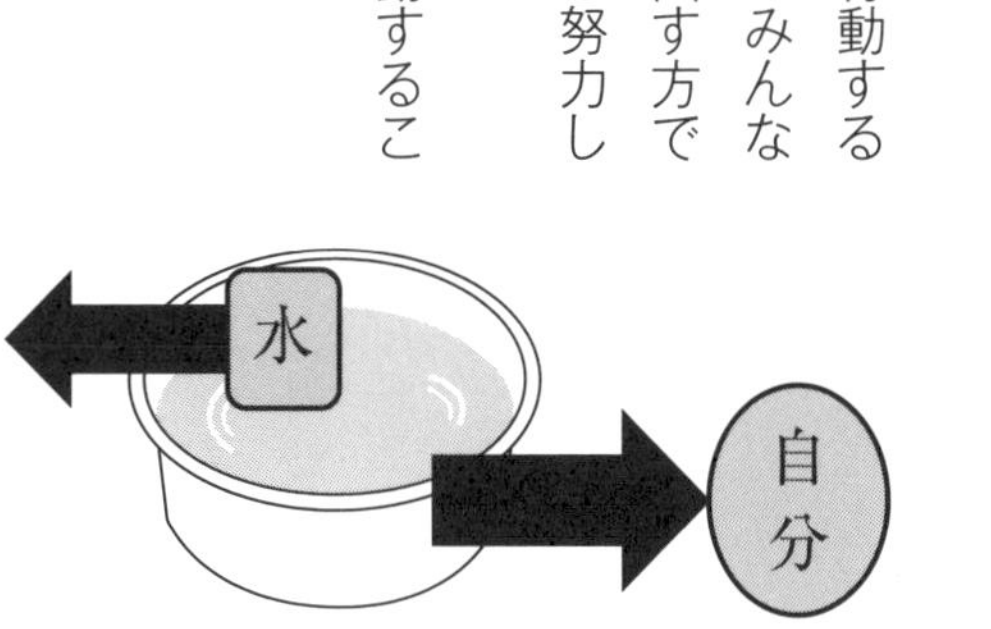

相手のことを考える、自分を先にしないということは簡単ではないです。「タライの水」の話は、人との関わりを振り返るきっかけとなる言葉です。自分を見直す子が増えます。

〈福山　憲市〉

「人間」は「人と人の間」で磨かれ、光り輝く

「パソコンや電子ゲームなどに囲まれた情報化社会が濃密になるほど、人間関係の希薄化が進んだ」と言われます。また、「現代の若者は、べったりした重い人間関係より、互いを拘束しない軽い関係が好まれるようになってきた」という論評もあります。確かに、相手との軋轢を煩わしく感じる傾向が強くなってきていることは私たちも身に覚えがあることです。そのことが人間関係の大きなトラブルに発展することも珍しくありません。

さて、これらのことを、「そういう時代になった」と一言で片付けることができるのならこれほど楽なことはありません。しかし、我々教育に携わる者は、「そういう時代になった」ととらえる一方で、「そういう時代だからこそ」という視座から子どもたちに対峙し、心に熱を入れていく必要があるのではないでしょうか。

「『人間』という言葉は、『人と人の間』と訳すことができます。要するに、人と人の間

によって磨かれてこそ、人間は人間となり得るのです。ただし、互いに磨き合う過程においては、石と石が摩擦すれば必ず熱を発するように、軋轢も生じることでしょう。でも、その過程を経なければ、ダイヤモンドのような光を放つことは絶対にありません。

だからこそ、これだけ情報化社会が進んでも、みなさんは学校という公の場所で、互いに肩を寄せ合って生活しているのです。学習しているのです。時には、友だち同士で喧嘩をしたり、トラブルになったりすることもあるでしょう。それ自体を推奨するものではありませんが、そういった軋轢を乗り越えていく過程の中でこそ、必ず自分自身の心が磨かれ、人間として立派に成長していくことにつながるのです。」

軋轢そのものを推奨することには注意を払いながらも、人間として成長するためには避けては通れないこと、その上で人と関わり合うことの大切さを説きたいものです。

〈西村 健吾〉

我以外皆我師

吉川英治の小説『宮本武蔵』の中で、宮本武蔵が残している言葉です。「全ての人から、学べることがある。」という意味で、それは先生と言われる人だけでなく、友だちからも、年下の子からも、また自然などからも人間は学ぶことができるということです。学級も深まって、次の学年に進むときなどに子どもたちに紹介したい言葉です。

卒業式の前日。黒板に「我以外皆我師」と書いて一緒に読みました。漢文も勉強したので、わからないなりに子どもたちは読みます。

「自分以外の誰もが教師という意味ですね。」

子どもたちはそう言います。そこで、子どもたちにこのように語りました。

「これから卒業しても、君たちはたくさんの先生と出会います。尊敬できる先生や、自分と合う先生もいれば、ちょっと苦手な先生もいるでしょう。この言葉のすばらしい所は、そんな周りの先生が、学ぶ所のあるよい先生なのか、学ぶ所のない悪い先生なのか、決めるのは「我」の心次第という所だと先生は思います。「我」つまり、私以外の全ての人、もの、自然も含めて、全てから学ぶことがある。それぐらい、自分はまだまだ未熟で伸びる所がある。そうやって考えられるからこそ、これからも成長し続けられるのです。小学校で学んだことは、これから出会うたくさんの教師からどうやって学ぶかということです。謙虚に学び続けてください。」

この例では卒業に向けての言葉ですが、次の学級に進むときや、学期の終わりのときなど、節目で紹介したい言葉です。子どもたちが、自分でこれから学び続けていくために、教師自身もこの言葉を大事にして「我以外皆我師」の見本になっていきたいです。

「我以外皆我師」は、まずは教師が実践しておきたい言葉です。いつでも謙虚に学ぼうとする教師の姿から、この言葉の意味を子どもたちは学ぶはずです。

〈桔梗　友行〉

昨日の敵は今日の友

ソウスケ君とリュウイチ君は、２人ともスポーツがよくできて、毎年リレーの選手に選ばれています。得意な教科は違いますが、勉強もどちらかといえばできる方です。ところが、性格が合わないのか、何をするにもつかず離れずの距離でうまくつきあっているように見えました。

あるとき、体育でドッジボールをしました。ねらいをもった活動、というよりは、１学期に予定していた学習が終わっていたので、どちらかといえばレクのような意味合いをもった時間でした。戦力を均等にするために、２人は別のチームになりました。試合はとても盛りあがりました。ライバル心に火がついた２人は、眉毛をつり上げてボールを投げ合っていました。結果はリュウイチ君のいるチームの勝ちです。

チーム替えをして、今度はソウスケ君とリュウイチ君が同じチームに。２人がいるチームが圧勝になるかと思いましたが、先ほどの試合に負けたソウスケ君はどうにもやる気が起きないようです。結局、リュウイチ君が奮闘し、2人のいるチームが勝ちました。

授業の後、ボールのカゴを押して、器具庫に入ったときにソウスケ君に話しかけました。

「2試合目はらしくなかったね。悔しかったんだね。」

みるみるソウスケ君の目に涙があふれます。「『昨日の敵は今日の友』だよ。1人じゃドッジボールできないでしょ？　試合のときは敵に勝つのが目的だけど、試合をするためには、みんながいないとね。」

ソウスケ君は、静かにうなずきました。翌日の休み時間には、サッカーに興ずる2人の姿がありました。これを機に、ちょっと気持ちの変化があったのかもしれません。


ライバル心は成長の促進剤になりますが、こだわりすぎてしまうとよりよい関わりを邪魔してしまうこともあります。関わり合うきっかけになるといいな、と思います。

〈藤原　友和〉

知らないことは、意地悪になる

子どもたちの心根はやさしいものです。ただ、理解力や表現力が足りないために、他人に対して失礼なことをしてしまうことは、よくあります。障碍をもった人たちを笑うなどの出来事が起こったときに、叱るのではなくて子どもたちに考えさせたいものです。

「君たちは白い杖をもった方がどういう人か、知っていますよね。」

「知ってるよ、目の不自由な人。」

「そうですね。じゃあ、その人が点字ブロックの上をコツコツと杖をあてながら歩いてきたら、どうしますか。」

「道をあけてあげる。」

「でしょうね、君たちだったらそうするでしょう。でも、そうしないで、点字ブロックの上に立っていて杖をついた人とぶつかったら

『ぼやぼやするな。前を向いて歩け。』

と怒鳴った人がいたとします。この人はなんで怒鳴ったのかな。」
「目の不自由な人だとわからなかったから。」
「その通り。知らないことやわからないことがあると、他人に対して失礼になるんですよ。意地悪になるときもあります。ハンディのある人たちのことは、ちゃんと知っておきましょうね。」

悪気がなくても意地悪になってしまうことがあることを考えさせます。

〈多賀　一郎〉

「好きな者同士」など学校ではありえない

遊びでグループ分けや修学旅行の部屋決めをするときに、子どもが「好きな者同士にしよう」と言うときがあります。時にはこれを教師が認めるときがあります。この考えを認めるということは、非常にリスクの高いことだという認識が必要です。何せ「嫌いな者同士」を認めてしまうのですから。安易に認めることはそれ以降の学級経営に大きなダメージをもたらす可能性があります。それでも不思議なことに修学旅行などの部屋決めのときにはこの考えを認める場合が多いようです。ですから子どもたちから「好きな子同士がいい！」などという言葉が出てきたら、教師は毅然と対応する必要があります。いわば勝負時でもあるのです。例えば修学旅行の部屋決めなどを行う際に、子どもたちには次のように言います。

「あなたたちはこの学校を自分で選んだのですか？　クラスも友だちも先生も自分で選べたのですか？　違いますよね。何故かわかりますか？　それはみなさんが将来生きていく社会では、いろんな人たちと協力していかねばならないからです。『自分の好きな人』『自分に合った人』といつでも一緒にいられることなどありえないのです。知らない人、自分とは合わないのではないか？と思える人とも力を合わせ何かをやり遂げていく。そうしていろんな人のいろんなよい所を見つけ、支え合って友達の輪を広げていくのです。すでにこのクラスで何ヶ月も一緒に生活してきました。でもやはりまだまだあんまり話もしない友だちがいるはずです。そんな人のことを『合わないから』と決めつけてしまってはいませんか？『好きな者同士』など学校ではありえないのです。帰ってきて『あの子のこんなすてきな所を知ることができた。』と言えるような修学旅行にしたいですね。」

部屋決めをくじ引きで行う際に子どもたちを納得させる必要があります。「好きな者同士」は、よほど学級の人間関係のよさに確信がもてる場合でなければなりません。

〈土作　彰〉

男女一緒だと仲間が倍になる

どうも男子と女子の仲がよくないクラスをもつときがあります。そんなときは、子どもたちにこんなことを話しています。

「男子だけで仲間をつくっていったら、クラスの半分の15人からしかつくれない（30人のクラスなので）。でも、女子も一緒と考えたら、その倍の30人で仲間をつくっていける。男女一緒だと仲間が倍になるってことだよ。どっちが楽しいかな。」

それでも時々男子と女子が遊んでいると、冷やかす子どもが出てくるものです。揶揄する子どもは必ず出てくるものなのです。これを些細なことやたわいないことだと見過ごすと、クラスの雰囲気が変わってくることもあるのです。

こういうよけいなことを言う子どもたちは、仲よくしているのがうらやましい場合が多いので、そのあたりの心情はわかってあげないといけないのですが、表現の仕方を間違えているから、直させています。

※GID（性同一性障害）の子どもがいる可能性は、いつも頭においておきましょう。

中学年くらいで、男女仲のよくないクラスは、うまく融和させないと、高学年で女子のいじめが増えることがあります。

〈多賀 一郎〉

みんなちがって、みんないい。

詩人金子みすゞの「わたしと小鳥とすずと」（金子みすゞ童謡集『わたしと小鳥とすずと』JULA出版局）の中の一文です。「みんなちがって、みんないい。」という言葉だけでなく、ぜひ「わたしと小鳥とすずと」の詩を一緒に読みながら紹介したい言葉です。

4年生の後半ぐらいから、他の子との違いが気になる子が出てきます。人と比べてできる、できない。あの子よりできる、あの子よりまし。そんなことを考えて悩みはじめる時期です。クラスの中で、そんな雰囲気が出てきたときに、この言葉を紹介します。

「『みんなちがって、みんないい。』クラスのみんなだって、一人一人みんな違う。先生だって、音楽が上手ではないけれど、でも音楽はとっても大好き。人と比べるんじゃなくて、自分のそのままが好きってなれるといいね。」

そういったものの、年頃の子どもたちにとって、簡単に自分のよさは見えるものではありません。そこで、終わりの会で、一人一人順番に、その子の「らしさ」を出し合うことをしました。「よさ」ではなく、「らしさ」です。

「漢字のノートを見せてもらったら、とても上手で、○○さんらしいと思った。」

「給食のとき、すぐにおかわりしにいくのは、元気な△△さんらしいです。」

「この前喧嘩したのに、今日すぐに遊びに誘ってくれたのも、□□さんらしいですね。」

「みんないい」というのは、優れているからいいという意味ではなく、その人「らしい」ということが「いい」ということ。それから、このクラスでは、「いいとこ見つけ」ではなく、「らしさ交流会」として、お互いのらしさを交流しました。子どもたちは、照れながらも、「らしさ交流会」をとても楽しみにしてくれました。


「みんなちがって、みんないい。」という言葉は、一人一人をそのまま認めるためにとても大事な言葉です。自分らしいことがいい、ということを伝えたいですね。

〈桔梗　友行〉

『北風と太陽』 ―イソップ童話から―

友だちを注意するという場面は学級の中でよくあります。低学年では、しっかりした子は、何度も繰り返しできていない子を注意します。そこには、自分の正義を貫こうとする心があります。しかし、何度も同じことを言われているうちに、注意をされている子は、頑なになり、その指摘を聞かなくなるということもあると思います。

「先生、○○ちゃんが、何回も机の上に筆箱を出しちゃだめって注意しているのに聞いてくれない‼」

と、プンプンと怒って訴えてくる子がいます。名指しされた○○ちゃんも座席でうつむいていました。

「あなたが、友だちをよくしたくて注意してくれたことはよくわかるよ。ありがとう。でも、今の○○ちゃんの心には届かなかったみたい。どうすればよかったのだろう。」

「……やさしく言えばよかった。でも、聞いてくれないから！」

「それは力ずくで旅人のマントを脱がせようとした、北風のしていることのようだよ。太陽のような温かい言葉を考えてかけてみてほしいな。」

と、注意をした子の思いを受け止めつつ、どうしたら、その思いが通じるのかを投げかけました。温めることで、旅人のマントを脱がすことのできた太陽のことを思い出し、温かい言葉がけについて考えられたらいいと思います。

注意の仕方を注意する、というときに、人の心を変えるのは強い口調じゃなく、温かい言葉だと伝えることで思いやりのある学級に近づけると思います。

〈戸来　友美〉

他人を尊重する気持ちは態度に出る

「友だちの話を、耳だけで聞いている人がいます！」

こんな言葉を時折、強く言うようにしています。

「○○さんは、相手の方に体全体と目を向けて、しっかりと話を聞いています。相手に対する礼儀があります。」

子どもたちの態度は、さっと変わります。そこで言います。

「相手を大切にする、尊重する気持ちは態度に出ると言われています。日頃から、相手のことを考えている人は、やっぱり態度がすてきです。見ていて気持ちがいいです。」

こう言って、子どもたち全員を見回します。

「さすがです。みんな、すてきな態度ですね。先生の話を、心から聞いてくれているのがわかります。目も耳も体全体も、そして心も先生に向いているのが伝わってきます。ありがとう。とってもうれしいです。」

時には、こんな例えを使うこともあります。

「温度というのがありますね。温度が高いとか温度が低いというように使いますね。態度も同じです。相手を尊重しているときの態度の数値は、とっても高いです。でも、相手のことを考えていないなあというときは、態度の数値は低いです。」

この話をした後は「今の態度、低いなあ」「今の態度いいねえ、数値高い！」こんなふうな声かけをすることがあります。

ちょっとしたことですが、他人に対する態度を意識するようになって、相手を尊重する気持ちが少しずつ高まっていくのがわかります。

他人を尊重する気持ちは「態度」に出るとはっきり告げます。「態度」を見れば「心」が見えると言い「態度はどう。高い？」こう聞くだけで今の態度を意識するようになります。

〈福山　憲市〉

傲慢無礼《ごうまんぶれい》

学年をまたいだ縦割りの活動が行われています。6年生がリーダーになって、会議を進めるのですが、たくさんの班に分かれるために、普段は司会などをあまりしない子がリーダーになることがあります。いろいろな子がリーダーになれる機会なので、とてもいいことだとは思いますし、そのがんばろうとする心を大切にしたいです。

そんな会議の場で、6年生の話を聞かない5年生には一言、

「あなたの態度は一生懸命に話している6年生に対して無礼です。」

と伝えています。

いつもと違う環境で、浮わついているだけかもしれません。そこを一言で収めたいのです。低学年も見ているので、彼らの自尊心も保ちつつ、6年生の助けにもなる指導が必要となります。さらに、

「来年は、5年生が今の6年生の仕事をするのだから、見ておこうね。1、2年生は、

困ったときは、6年生だけじゃなく、5年生にも助けてもらえるから安心してね。」

と、5年生の課題を伝えることを忘れません。

その後、会議の余った時間は、じゃんけん遊びなどをして、どの学年も交われるような時間をとって楽しい時間にします。

相手に対して失礼な言動があったときには、まずはそれを止めるために、

「無礼だ。」

と、言ってから指導を始めます。


短い言葉で、まずはよくないことを止めます。そのあとに、指導をすることが必要な場面もあると思います。

〈戸来　友美〉

奥義秘伝

1年生の図工の時間でのことです。工作の時間にどうしても、手が進まない子がいました。そこで、友だちの作品を見て、どんなものを作りたいのか考えてみるように指示をしました。そのときに、一言伝えてから、取り入れるように必ず言います。

「いいな、真似をしたいな、と思ったことがあったら、ちゃんと真似していいか聞いてね。それは、その子ががんばって工夫した技だからね。作り方も聞いてみるといいね。」

とぼとぼと、歩きながら友だちの作品を見て、気に入ったものを見つけたようでした。

すると、

「○○ちゃんのここがかわいいから、真似していい?」

という一言を告げていました。言われた子は、笑顔で答えています。そして、自分の席にもどり、自分の作品作りに向かっていました。

この一言がなければ、自分の考えを真似されたという子が出てきます。自分のアイデアを勝手に使われてしまっては、腹が立つのはあたりまえです。しかし、真似をするくらいすばらしい作品であることを告げて、他の作品に自分の技が生かされていることがわかれば、さらに自分なりの工夫を考えるようになります。図工の作品での工夫は、子どもにとっては大切です。いろいろな思いを表そうとして、その手段を選んだのです。そこをくみ取りながらも、困っている子の助けになるような図工の時間にしなくてはと思います。どうしても真似てほしくないというときには私から、

「それは秘伝の奥義だから、遠慮しようね。」

と言うときもあります。

友だちの工夫に「これは奥義秘伝なんだ。」と敬意をもちつつ、自分の作品に生かしていくような学び合う図工の時間は楽しいはずです。

〈戸来　友美〉

「ありがとう」は「有り難い」

「ありがとう」という言葉は、とても気持ちのいい言葉です。クラスの中で、「ありがとう」があふれているクラスは、とてもいい雰囲気のクラスだと思います。「ありがとう」という言葉の意味については、クラスの中で共通理解しておきたい言葉です。

「『ありがとう』ってどんな漢字を書くかわかりますか。「ありがたい」という言葉がもとになっていて、『有り難い』と書きます。じゃあ、『有り難い』の反対の言葉は何だと思いますか。」

「『ありがたくない』かな?」

「『有り難い』というのは、『有る』のが『難しい』ということ。有ることが難しいということは、めったにないことという意味です。だから、「ありがとう」の反対はいつもあること、「あたりまえ」ということです。普段から「あたりまえ」だと思っていること。ご飯が出てくるのがあたりまえ。手足が動くのがあたりまえ。生きているのがあたりまえ。

あたりまえと思っていることが、もしなくなってしまったら。とても大変なことだというのがわかります。そんな『あたりまえ』と思っていることに、いつも、めったにないことだ、奇跡だ、と思いながら感謝する。それが『ありがとう』です。」

この話をしてから、子どもたちの「ありがとう」という言葉の使い方が変わりました。実感をこめて、「ありがとう」という言葉を発するようになりました。些細なことに対しても、「ありがとう」と自然と出るようになりました。一つ一つの出来事に対して、いつも感謝して過ごす。そんな雰囲気をもったクラスをつくっていきたいものです。

「ありがとう」は「有り難い」という意味。「あたりまえ」と思っていることが、実はめったにない奇跡的なものだという感謝の気持ちを大切に伝えましょう。

〈桔梗　友行〉

恩返しは恩送り

ある日の放課後。「さよなら」をして人が減りかけた教室で、A君がB君の忘れていったジャージをていねいに畳んでいました。

また別の日。C君が墨汁で汚してしまった床を、Dさんが雑巾でせっせと拭いています。そしてまたある日は、EさんがFさんのしまい忘れた椅子を整え、G君が重たそうにもっていた本を、Hさんが横から半分もってあげていました。

「先生のお家の子どもたちが小さかったとき、よく熱を出しました。そのたびに学校を休まなくてはならず、周りの先生たちにものすごく迷惑をかけました。大変な仕事や夜遅くまでかかる仕事も、いつも快く引き受けてくださいました。そして、『あなたは一刻も早くお家に帰って、子どもたちのそばにいてあげなさい。』って言われました。

私がお礼を言うと、『私もね、先輩たちから、そうやって助けてもらって子育てをしてきたの。今でも教師をしていられるのは、その方々のおかげ。だから、宇野先生もお子さんたちが大きくなったら、後輩たちに恩返ししてね。』とおっしゃったのです。先生は、ありがたくて涙が出ました。

この頃のみなさんの様子を見ていて、自分のこの経験を思い出しました。なぜなら、A君にどうして自分のものじゃないのにていねいに畳んでいるのかをたずねると『この前Iさんが僕のジャージを畳んでくれてうれしかったから。』と言ったからです。DさんやEさん、Hさんも同じようなことを言いました。一人の感謝の気持ちがあちこちに飛んでいって、教室を幸せにしています。恩返しは恩送りなのですね。」

いただいた恩を本人にお返しするのも、別な誰かに送るのも、どちらも人を幸せにする行為。感謝の気持ちは世界を幸せにするのです。

〈宇野　弘恵〉

感謝の「愛」言葉

人に「感謝」することの大切さを伝えるとき、子どもたちに「感謝の愛言葉」という話をするようにしています。

「みんなは、人に感謝するとき、どんな言葉を言いますか。」

まずは一人一人に、紙に浮かぶだけ書かせます。

「ありがとうございます」「助かりました」「これからもよろしくお願いします」「本当にありがとう」「うれしかったです」「また力を貸してください」など多くの感謝の言葉が黒板いっぱいになるくらい出てきました。そこで言います。

「一つ一つ読んでみましょう。（読んでいく）どれも心があったかくなる言葉ですね。読んでいる先生もうれしくなる言葉ばかりです。ところで、これらの言葉を何というか知っていますか。『（　）言葉』と言います。（　）の中に入る漢字は一字です。ちょっと相談して考えてみてください。相談が終わったら、相手に『ありがとう』と言ってください。」

1分程度、周りの友だちと相談させます。最後の「ありがとう」は話のための布石です。子どもたちは、相談の最後にはうれしそうに「ありがとう」と相手に言っています。

「どうですか、浮かびましたか。実は、先生の指示にヒントがありました。最後に『ありがとう』と言ってくださいとお願いしたことです。『ありがとう』と言われてどう思ったかがヒントなんです。」

どの子もわかったようです。うれしくなった気持ちから「愛言葉」が浮かびます。

「そうです。相手を幸せにする、うれしい気持ちにさせる。感謝ってそういうものです。たくさんの愛言葉でちょっとした感謝を毎日伝えてくださいね。」

相談の後の「ありがとう」はちょっとした感謝です。でもうれしくなります。愛言葉はちょっとした感謝の積み重ねだと言っています。感謝を伝える子が確実に増えてきます。

〈福山　憲市〉

感謝すると慈石が強くなる

「感謝することが大切です。」「感謝が大事です。」という言葉だけを告げるのではなく、毎年、こんな説明を子どもたちにしています。

「人には『じしゃく』があるのを知っていますか。」

どの子も、えっという顔をします。すかさず、言います。

「『じしゃく』と言っても、理科室にあるような『磁石』ではないですよ。」

そう言って、黒板に「慈石」と書きます。

「この漢字は、中国で初めて磁石が見つけられたときにつけられた漢字です。石がモノを引っ付ける様子を見て、お母さんがやさしく子どもを守っている姿に感じたそうなのです。だから、漢字をよく見るとわかるように『心』という字があるでしょ。」

こう話した後、黒板に書いた「慈石」の周りに、人型を描きます。「慈石」が心臓辺りに来るように描くようにします。

「初めに言ったように、人には『慈石』があります。この『慈石』はモノを引っ付ける石ではないです。何を引っ付けると思いますか。少し、隣近所で考えてみてください。」

何人かを指名して、聞いていきます。意外と子どもたちは気がつきます。

「わかっている人が多いですね。そうです、人の心を引っ付けます。では、どんなとき、この『慈石』の力は強くなると思いますか。（間）実は、相手のことを思って行動したり、相手がやってくれたことに心から感謝したりしたときに、強くなるのです。みんなは自分の『慈石』を強くしたいですか。」

もちろん、全員が強くしたいと言います。その日から「感謝」の姿が変わります。

「すごいなあ、慈石が強くなるなあ。人としてすてきです。」感謝している姿を見ると、こんなふうに言います。慈石という言葉が、感謝の大切さを盛り上げてくれます。

〈福山　憲市〉

おかげさまで─プラス1の感謝─

自分一人で全てのことがうまくいっていると思っていたり、「俺は一人で生きていけるんや」と強がっていたりする子どもがいたとしましょう。そのときに教師である私は、どのような声かけをすればよいのかと考えます。誰かに何かをしてもらったときには当然「ありがとう」もしくは「ありがとうございます」と言うでしょう。「いただきます」「ごちそうさまでした」などもそうですよね。相手があっての私という存在が生かされているんだということです。そこでこの「おかげさまで……」という言葉が大切ですし、意味がわかって使えるということは子どもたちの成長につながります。

例えば、病休していた子どもが久々に登校してきました。学級の子どもたちは、皆口々に「大丈夫やったか?」「しんどかったやろ?」「熱、何度くらい出たん?」など、心配して声をかけていきます。そのときに、「(心配してくれて)ありがとう」という言葉が子どもから出てきます。周りの子どもたちも、ホッと一安心します。そんなときに私が「『(心配してくれた）おかげさまで、すっかりよくなったよ。』という言葉を伝えられるといいね。」と話しました。さらに「『みんなが心配してくれたり、連絡帳にメッセージを書いてくれたりしたおかげで、すっかり元気になれました。』という意味が含まれているんだよ」と教えます。すると、あちこちで「いつもありがとうございます」「おかげさまで」という言葉を使うようになります。言葉の意味や使う場面がわかると子どもたちは積極的な姿勢で、これまで使ったことのない言葉を使うようになります。

友だちのしてくれた行為に対して、「ありがとう」という気持ちとともに「おかげさまで」が加わることで、より相手に対して感謝する気持ちが増してきますので、指導するタイミングが重要です。

〈中條　佳記〉

以唇伝心―声に出して―

誰かに何かをしてもらっても無反応な子どもたちに対して、「感謝の気持ちをきちんと伝えなさい。」と教師の檄が飛ぶ……。日本全国どこでも見られる光景です。どうも最近の子どもたちは、感謝の気持ちを声に出して伝えるのが苦手なようです。いや、そもそも本当に感謝しているのか、単に表層的な声を発しただけで本質的にはどうなのか……という疑問も頭をもたげますが、本項では前者に焦点を当てた言葉がけを紹介します。

「『以心伝心』という言葉があります。『文字や言葉を使わなくても、お互いの心と心で通じ合うこと』という意味です。自分の思っていることが、何もしなくても相手に伝わる……、周囲の人とそんなすてきな関係を築くことは大変すばらしいことです。

しかし、現実はそうはいきません。それどころか、例えば『悪いことをした相手がきちんと言葉で謝ったかそうでないか……。』といったことにも象徴されるように、よい人間関係を築くためには『声に出すこと』が大切なのです。まず声に出さなければ何も始まらないのです。いくら心の中で感謝の気持ちをもっていたとしても、それが相手に伝わらなければ全く意味をなさないということです。

心を以て心を伝える『以心伝心』はとてもすばらしいことではありますが、それよりもまず大切なことは、唇を以て心を伝えていく『以唇伝心』なのです。まずは自分の気持ちを自分の言葉に乗せて、声に出して相手に伝えていきましょう。そうすればみなさんの感謝の気持ちは、きっと相手の心に届くはずです。」

「行為そのものの本質」を考えさせることとは別（行為そのものを表出させる）の指導です。尚、「以唇伝心」とは造語であるため実際の指導においては多少の配慮が必要です。

〈西村　健吾〉

トラチャン―トラブルをチャンスと考える―

「トラチャン」とは、「トラブル・チャンス」の略で、元成蹊小学校の亀村五郎さんが口にしておられた言葉です。何かのトラブルがあったときこそ、子どもを育てるチャンスだという意味です。

前もって大人がトラブルのないようにばかり配慮していたら、子どもたちは燕の巣のひなのように、口を開けて待っているだけになるでしょう。

しかし、トラブルをチャンスと考えるのは、とても難しいことです。

子どもがいやな思いをしているとき、見ていながらがまんをするのは、けっこうきついものです。

「みんな、○○ちゃんの気持ちを考えてあげようよ。」

と、のど元まで出かかっても、本人がどうするのかを見極めてからでないと、手は出せません。

まずは、自分でがんばってみるということは、一番大事なことです。いつかは大人のいない所でやっていかなければならなくなるのですから。

「今日のトラブルは君たちが成長するチャンスなんだよ。一人一人がどう考えるのか、先生はじっくりと見させてもらいます。」

と、子どもたちに投げかけます。

いつの場合もトラブルこそチャンスという心構えを持って、チャレンジしていくことが大事です。

〈多賀　一郎〉

悪口の郵便屋さんにならない

「○○さんがあなたのことをうざいって言っていたよ。」

子ども同士の会話の中でこのようなものがあります。人から伝え聞いた悪口をわざわざ本人に伝えるのです。しかも、それが悪いことだという認識はありません。むしろ、その人のことを思って善意で伝えてしまっていることもあります。自分がわざわざ伝えなければ、傷つけずに済んでいたということがわかっていません。

そこで、このような問題があったときには、個人名は出さずに「よくある問題だ」ということで全体に指導をします。次のように話します。

「『○○さんがあなたの悪口を言っていたよ。』と伝えることを『悪口の郵便屋』さんと言います。直接自分が言ったことではなくても、自分がその悪口を配達することで結果的に相手を傷つけているのです。本当に相手のことを思うのなら、配達をしないで、自分の所で処分しておくのです。自分の胸の中にしまっておけばいいのです。自分の胸の中にしまいきれないときには、先生やお家の人に相談して下さい。悪口の郵便屋さんになってはいけません。また、あなたが配達される方になったとき、つまり『○○さんがあなたの悪口を言っていたよ』と言われたときに、その言葉をそのまま信じてもいけません。本人が本当にそれを言っていたかどうかはわからないのです。あなたと○○さんを喧嘩させたくて、そのようにありもしないことを言う人もいるからです。悪口の郵便物も受け取る必要はありません。」

悪口の郵便屋さんにならないこと。そして、悪口の郵便物が届いたときには受け取らないこと。それを指導しておきます。

特に高学年女子ではよくあることです。教師がそれをわかっていて、子どもの心に響く言葉で指導することが大切です。

〈飯村　友和〉

心の矢印を自分に向けよう

心の矢印がどこを向いているかによって、その人が成長できるかどうかが決まります。

心の矢印が外側を向いていると、うまくいかない原因をいつも他に求めます。天気が悪いから、友だちが悪いから、先生が悪いから……。自分は悪くないので、改善する必要はなく、楽です。しかし、ここに成長はありません。同じような問題が起こっても、同じように他者を責めて終わりです。

一方、心の矢印が内側を向いていると、うまくいかない原因を自分の中に求めます。自分のここが足りなかったからうまくいかなかったのだと。自分の中に改善点があるので、苦しいけれど成長することができます。同じような問題が起こったときには、成長した自分になっているので、今度は問題になりません。

よく言い訳をする子がいます。自分が悪かったとしてもそれを認めようとはしません。喧嘩をしたのは相手が悪い。ピアノで間違えたのは運が悪かったから。忘れ物をしたのはお母さんのせい。先生がちゃんと教えてくれなかったからテストで間違えた……。言い訳ばかりです。

全体で心の矢印の話をした後、この子が言い訳をしたときに「今、心の矢印がどこを向いているかな？」と聞きます。この問いかけによって気づかせることができます。そのときにはだめでも、「今は、心がカッカしているから矢印が外に向いていても仕方がないね。でも、落ち着いたら、心の矢印を自分にも向けてみてね。」と話します。

「心の矢印」という言葉は同志社国際学院初等部の仲里靖雄先生から教わりました。

教師自身も、うまくいかないことがあったときには、心の矢印がどこを向いているか考えてみる習慣をもつとよいです。

〈飯村　友和〉

オオカミ少年を誰も助けない

自分をよく見せたり、見栄を張ったり、友だちが騙されるのを楽しんだりと、子どもたちがうそをつく場面は数多くあります。

ふざけて自分の筆箱を隠して、

「ぼくの筆箱がないよ?」

と言い、一緒に探してくれる友だちをにやにやと見つめていた子がいました。なくしたというのは、自作自演で、

「ほんとはここだよ。」

とパッと隠した筆箱を出しました。その子にとってはふざけの延長だったのでしょう。周りの子たちも「なんだよ。」と言いながらも、最初は笑顔でした。しかし、その後、「ぼくの消しゴムがないよ。」「鉛筆がないよ。」と何度か繰り返していると、言われた子たちは「また?」と言い、もう信じていないようでした。

そこで、『オオカミがきた（イソップえほん）』（蜂飼耳　文・ささめやゆき　絵　岩崎書店）を読み聞かせしました。オオカミが来たと、村人があわてるさまを楽しんでいた少年は、本当にオオカミが来たときには、誰も助けに来てくれなかった、というお話です。

繰り返しふざけて、自分の物を隠したときに、

「ふざけてうそをつき続けると、ほんとに困ったときに、だ～れもあなたを助けてくれないよ。オオカミ少年みたいに。」

と、だ～れも、に力をこめて伝えました。

うそを重ねると、最後は誰からも信用されなくなることを伝えたいです。それが、たとえふざけているだけであっても。

〈戸来　友美〉

陰口のコウモリにならないで

「○○ちゃんが、□□ちゃんのこと、先生の前だけいい顔してる！って言ってたよ。」
「□□ちゃんが、○○ちゃんのこと、いやなこと言うから嫌い！って言ってたよ。」
「悪口を言われているよ。」と友だちに伝えることは、よくないことだと、毎年、春に指導をします。「言われた人にとっては、陰口を言う人とそれをその人に告げる人の2人ともに悪口を言われる気持ちになるんだよ。」と人物関係を図に描きながら伝えます。

しかし、友だち関係のトラブルでどうしてここまで込み入ったのかと思い、聞き取りをしていると、そこには、双方に悪口を言っていると吹聴して、取り込もうとする子が存在しているときがあります。関係を意図的にこじらせようとしている子がわかったときには、個別の指導をします。そこで私は、イソップ童話のお話をします。

「コウモリは陸の仲間には羽を隠してみんなの仲間です、と言いました。でも、空の仲間の前では飛び回りみんなの仲間です、と言いました。最初は両方と仲よくできていたけれど、両方にいい顔をしていたことがばれたときに、コウモリは陸の仲間からも、空の仲間からも見放され、たった一人になってしまいました。このまま、こんなことを続けていると、コウモリのように誰にも相手にされなくなってしまいます。今のあなたは、コウモリのようです。もう、そんなことはやめましょう。このまま、コウモリになりますか?」

コウモリのように振る舞って、友人関係をこじらせる人はどこにでもいます。悪口によってつながることは、間違った人間関係のつくり方だと気づかせたいです。

〈戸来　友美〉

鬼には鬼の物語がある

A君とB君が喧嘩しました。互いに言い分があるようで、どちらも一歩も引きません。

「先に叩いたのは、Aだ！」

「それは、お前が俺のことを馬鹿にしたからだろう!!」

「馬鹿になんてしてない！　お前が勝手にそう思ったんだろ！　勝手に決めつけるな！」

2人の頭からは湯気が出そうなほど興奮しています。


「桃太郎の話を知っていますね。桃から生まれた桃太郎が悪い鬼を退治し、宝物をもってふるさとに帰ってくる昔話です。桃太郎は鬼が村人を苦しめるという理由で退治していますが、鬼はそのことをどう思ったのでしょうね。

もしかしたら、鬼には鬼の事情があったのかもしれませんよ。例えば、鬼の国で大干ばつが起きて、食糧難で仕方なく村人から物を奪っていたとか。あるいは、村人が鬼は怖いものだと勝手に決めつけて、何もしていないのに暴れたと言っているだけだったとか。実は、鬼の方こそ加害者扱いされて困っていたとか。あるいは、本当は村人と仲よくしたかったのだけれど、怖いと怯えられて腹が立ち、つい暴力を振るってしまったとか。

桃太郎には桃太郎の物語があるように、鬼には鬼の物語があるのです。

今の喧嘩も同じです。A君にはA君の物語があって、B君にはB君の物語があるのです。自分の物語ばかりを語るのではなく、相手の物語にも耳を傾けなくてはなりません。お互いの物語を聞くことで、相手の立場に立ってこの喧嘩を見つめることができます。すると、相手を責めるのとは違う方法で、この問題を解決することができるはずです。」

誰にでもその人の物語があります。その物語に目を向けられたとき、初めて俯瞰的に物事をとらえられるのだと思います。

〈宇野　弘恵〉

苦手だったら距離を置く

高学年になると、「みんな仲よく」なんてなかなか難しいです。いろんな人間関係が渦巻き始めて、男女の差も大きくなっていくときだからです。

A君は5年生。すれ違いざまに友だちを蹴ったり叩いたり、心ない言葉を悪気もなく言い放ったりする子です。誰に対してもそういう態度で接してしまいます。私は、その都度繰り返し話を聞き、どうすればよいか一緒に考えました。そんなある日、B君が涙を流しながらA君に対してキレました。「俺に関わるな!」と。それでもA君は反省のない態度。他の子どもたちもA君に対して、大ブーイング。みんなたまっていたものがあるようです。これはだめだと思い、A君を連れて別の場所へ。落ち着いて話し合いました。「いやがっているなと感じたら、やめなあかん。それを楽しんでいたら確実に友だちがいなくなる。友だち減らしに学校来てるんと違うやろ。」A君の思いも聞きながら話していくうちに、だんだん真剣な顔つきになり、A君も涙をポロポロ流し始めました。しばらく経つと、

「謝る。」と自分で口にしたのです。

大激怒のB君と、まずは私が2人で話をし、A君の思いを伝えました。B君は「俺は許さん。」の一点張りでした。仕方ない。A君、B君、私の3人で話すことにしました。どうしても許さないB君の態度をA君に見せたのです。その上で、「全員で仲よくすることって難しいねん。苦手な人もいるもの。そんなときは、距離を置けばいい。」と話しました。

「距離を置く」という言葉が2人の約束になりました。

驚いたことに、数週間後、私の知らない所で、もう一度A君はB君に謝ったようです。それがうれしかったとB君はお母さんに話し、それが私の耳に入ってきました。その後、見ていると、A君はほんのちょっぴり、コミュニケーションがうまくなったように感じます。

使うときに、「『距離を置く』っていうのは、大人の言葉。」と添えると子どもは少し背伸びをした気分になるようです。

〈桜田　恵美子〉

言語道断

体育のサッカーで、男子の審判をしていました。

5年生はサッカーを習っている子どもたちが多くて、かなり上手です。見ていても、一緒にやっていても、ちゃんとしたサッカーになるので、面白いのです。

そのサッカーのときに、判定にごじゃごじゃと文句を言う子どもたちが3人いました。いずれも、サッカーのクラブでかなり本格的にやっている子どもたちです。

最後の方には、「審判、ひいきしてる。」とまで言った子どもがいました。

「言語道断!」

男子を集めて言いました。「サッカーだけじゃなく、スポーツの審判に文句をつけるのは、スポーツマンシップに反する。スポーツは楽しむためだけにあるんじゃない。心と体を鍛えているんだ。審判には、どんなときも文句をつけるな。」

一呼吸おいて、「ひいき……」と言ったサッカー少年に言いました。「君はサッカーのルールを知らんのか。ワールドカップでもなんでも、国際大会で審判に向かって、君が言ったような言葉をはいたら、即、レッドカードで退場だろ。試しに次の公式戦でやってみろ。サッカーを真剣にやっているんだったら、みんなにもっとまともないいことを教えてくれ。こんなくだらないことを教えるな。」

かなり厳しい言葉でしたが、「言語道断」なことには、毅然とやらなければならないこともあります。

〈多賀 一郎〉

信頼は、積み木

昼休みのことです。グラウンドで遊んで帰ってきた6年生の子どもたち。楽しかったのでしょう。その勢いのまま、教室に向かい、廊下の天井から下がっている学校案内の看板をついジャンプして叩いて、落としてしまったのです。

遊び帰りの他学年の子もいて、廊下で大騒ぎになっています。けがの有無の確認をして、その場にいた子どもたちと看板をもって、教室に戻りました。

まず事実を確認し、黒板に、「信頼は、積み木」と書きました。

「先生は、『信頼は、積み木』だと思っています。」

淡々として伝えたこの言葉と表情に、今回のことに関係している子も、そうでない子も、真剣な表情になりました。

「みんなは、これまで、信頼を間違いなく積み上げてきました。でも、積み木は、ちょっとしたことで、簡単に崩れてしまうのです。」

ここで、しばらく間をとりました。何も言わなくても、自分たちがしてきたこと、したことを振り返っていました。そして、子どもたちに聞きました。

「でも、積み木には、積み木ならではのよさがあります。わかりますか?」

少しやり取りがあった後、「何度もつくり直すことができる」ということが出てきました。

「そうです。信頼も、崩れてしまったら、また積み上げればいい。先生はそう思っています。みんなならまた積み上げることができるはずです。」

この言葉に、子どもたちの表情が和らぎました。事態を真摯に受け止めつつも、また次に向かっていけるといいなと思います。

時には、信頼を揺るがすこともしてしまいます。でも、「信頼は、積み木」という言葉で、信頼の重みを感じつつ、次に向かっていける勇気づけが大事です。

〈大野　睦仁〉

「先生は必要ないよ」が理想のクラス

ある日、私のところにユウスケ君が怒った様子でやってきました。

「先生、長縄大会に向けて、みんなが協力しないので、話し合う時間が欲しいんですけど。」

話を聞くと、全校で行われる長縄大会に向けて、休み時間に練習をしているのだけれど、ふざけている友だちがいたり、「違う遊びの方が楽しい」と言って、練習に参加してくれなかったりと、クラスで協力する雰囲気がなく、困っているようでした。私はユウスケ君に、

「自分の思いをしっかりと伝えられるといいですね。」

とアドバイスをし、話し合いを見守ることにしました。

話し合いは、新記録のために毎日、休み時間練習するという意見と、体育の授業で集中して練習すれば十分で、休み時間は自由に過ごしたいという意見でクラスが二分しました。

最終的には、「曜日を決めて、休み時間練習する」という双方が折り合いを付けた形で決まりました。話し合いの最後に私は子どもたちに次のように話をしました。

「ユウスケ君が『先生、話し合いさせてください』とお願いに来たときは、どうなることか心配したけれど、みんな自分たちの力で話し合い、お互いが納得いく形で決めることができましたね。これはとても大切なことだと思います。これからみんなは大人になっていきます。大人になっていく中で、トラブルはたくさんあります。そのとき、『先生がいないと解決できない』では困ってしまいます。『自分たちで解決できるから先生は必要ないよ。』と言うことのできるクラスこそ、理想のクラスなのです。」

その後、子どもたちは、クラスでトラブルが起きても、自分たちで話し合って解決しようとする姿が見られるようになりました。

「子どもたちの教師からの自立」を見据えて、子どもたちに指導することで、子どもたちはさらに成長するのだと思います。

〈松下　崇〉

クラスでいじめやからかいがあったとき

差別を前にしたときの行動で、人間の値打ちは決まる

休み時間が終わろうとしているとき、トシオ君が私の所に来て言いました。

「先生！　休み時間に鬼ごっこしていたら、みんなが俺に砂を投げてきた！」

話をよく聞くと、鬼ごっこの最中に、トシオ君に向かって砂を投げてきた子がいたそうです。怒ったトシオ君も砂を投げ返すと、今度は鬼ごっこに参加していた子どもたちがみんなでトシオ君に向かって砂を投げてきたそうです。私は鬼ごっこに参加した子どもたちとそれを見ていた子どもたちを集め、話を聞きました。

「僕はやっていない。」

「トシオ君が投げてきたからやった。」

「『みんなやめなよ。』と言ったけれど、誰も聞いてくれなかった。」

子どもたち一人一人に言い分があるようでした。どうしなければいけなかったか、それぞれが話をした後で、私は次のように話をしました。

「一人の人に複数の人が嫌がらせをしたら、それは『いじめ』になります。トシオ君がみんなにいじめられているとき、『あれ？　おかしいな？』と思いませんでしたか？」子どもたちは口々に「思った……」と言いました。

「差別を前にしたときの行動で、人間の値打ちが決まると、先生は思っています。『あれ？　おかしいな？』と思ったときに、それに対して『おかしい！』と声をあげたり、『やめようよ！』と止められたりする人になってください。」

いじめやからかいを目にしたときに、自分をまず守りたくなります。しかし、その出来事を自分事としてとらえ、行動することこそ、大切なのだと思います。

いじめが起こったとき、被害者にそっと寄り添う子どもや止める子どもがいれば、残酷な事件にはならないはずです。そんな子どもたちを育てたいと思っています。

〈松下　崇〉

心に石がたまる

子どもたちの受ける友だちからの攻撃、意地悪、嫌み、からかいに対して、「心に石がたまる」という表現は、子どもにとって理解しやすい言葉です。子どもたちの心が重くなる感覚を「石がたまる」という表現で腑に落ちさせることができます。

「いやな言葉を受けたり、いやなことをされたりすると、心の中に石がたまったようになりますね。心にたまった石は、誰かに話して受け止めてもらえないと、ずっと心の中に、一生、残ったままになりますよ。」

という話をして、子どもたちに石がたまったことはないかなと問いかけます。こういうことは人前で発表できることではないので、何かに書かせた方がいいです。どんな方法をとっても、それで全てがわかるということはないですが、一つのガス抜きにはなります。

さらに、いじめられたり非難されたりすることの多い子どもは、自分を否定する方向へ向きがちなので、

「他人には、自分の心をけがすこと、汚すことは、できません。自分の心は、自分だけがきれいにしたり汚したりできるのです。」

ということを伝え、言葉で子どもの心の重みを軽くしていくことも必要です。

心にぴったりとくる言葉を使うと、子どもたちが「わかった」というような表情になります。

〈多賀 一郎〉

差を差別にしてはいけない

ある年の4月8日、始業式の日、今でもはっきりと覚えている光景があります。クラスの多くの子どもたちが、ある男の子が使ったバケツの水を使わないのです。さり気なく違うバケツで雑巾を洗っているのが、目に焼き付きました。もちろん、即こんな話をしました。

「先生とみんな、どこが違いますか。一人ずつ指名するので、答えてくださいね。」

「年齢」「男と女」「髪の毛の長さ」「頭のよさ」「視力」「体重」「足の長さ」など、次々と教師と自分たちとの違いが出てきました。全て黒板に書きました。

「そうです。まだまだ、先生とみんなとの違いはたくさんあると思います。この『違い』を『差』と呼ぶこともあります。『男女差』『身長差』『年齢差』というように使うことがあります。人と人には『差』があってあたりまえです。学校は、その『差』を感じて、いろんな人がいることを学ぶ場だと思います。」

ここで、強く言います。

「ところが！　こんなふうに言う人が時折います！　『わあー、算数できないんだあ。』『わあー、身長低ーい！』どうですか！　言われた人はうれしいですか、悲しいですか。何度も言います。『差』があることはあたりまえです。でも、その『差』があることを馬鹿にする人は、許せますか！　『差』があることを馬鹿にする人は『差』を『差別』にしているのです！　先生は『差別』にする人が絶対に許せません！　このクラスの人で『差』を『差別』にする人がいたら、とことん叱ります。」

子どもたちの目が真剣さを増し、この日から「差別」意識が変わり始めました。

新しい学級を担任すると、すでに「差別」意識が存在していることがあります。そんなときには「差と差別」についてはっきり話して、厳しくいけないことだとおさえ続けます。

〈福山　憲市〉

アリの助け合い

クラスで、いじめやからかいがあったとき、必ずする話が「生き物の助け合い」の話です。特に、アリの助け合いの話は必ずします。まずは、黒板にアリの写真を貼ります。

「これは何という虫ですか。（間）すぐにわかりますよね。そうです、アリです。このアリが、仲間思いだということを知っていましたか。」

ほとんどの子が知りませんでした。考えてもみなかったという子までいます。

「こんな実験があります。お腹にしっかりと餌をためているアリに、お腹がすいているアリを近づけるとどうなるか。（間）なんと、自分のお腹にためていた餌を分けてあげたのです。（間）小さな小さな虫のアリですよ。そのアリが相手のことを考えているのです。」

子どもたちに感想を聞くと、どの子も信じられないと言います。さらに話を続けます。

「こんなアリの姿も報告されています。あるアリが、アリの巣に取った餌を運ぼうとしたとき、餌を運ぶ道に穴があったら、仲間のアリが穴を塞いだというのです。餌を運びやすいように、仲間を助けたのです。あの小さなアリがですよ！」

「こんな小さな体のアリでさえ、仲間思いなんです。仲間を助けることを進んでするのです。身体も大きく、知能も発達している人間が、仲間を助けなかったらどうですか！アリに心で負けますよね！」

この後、簡単な感想を子どもたちは書きました。

「アリに心で負けられません。自分もクラスの仲間をもっと大切にしたいです。仲間思いになれるよう、がんばります。」

同じような言葉がたくさん聞かれました。アリを見るたびに、話を思い出すようです。

いじめやからかいがあったとき、当然注意はしますが、同時に「仲間を助ける」ことを見直す機会を設けるようにしています。特に身近な生き物の話は、心にすっと入ります。

〈福山　憲市〉

落ちているゴミは、○○小学校のゴミ

遠足に行き、昼食の時間が終わる頃のことです。子どもたちはグループごとにそれぞれ食事を済ませ、荷物を整理し始めました。すると、あちらこちらにゴミが落ちています。子どもたちは自分たちなりに、ゴミが落ちていないか確認し、集合場所へ集まってきました。

「今日、この場所を○○小学校として申し込み、使わせてもらいました。ここを移動した後、ゴミが落ちているのを他の人が見つけたら、『○○小学校が使った後にはゴミがたくさんあるなぁ』と感じるでしょう。」

と、私は子どもたちに伝えました。

子どもたちは「しまった！」という顔でこちらを見ています。

「落ちているゴミは、○○小学校のゴミだと思って、もう一度確認してきましょう。」

そう言うと、子どもたちは自分たちの使った場所をよく確認して、一つも残らずゴミを拾っていました。

遠足や校外学習に行き、ゴミが落ちているので子どもに拾うように言うと、「これ、僕が落としたのではありません。」と返ってくることがあります。確かにそうかもしれませんし、知らないうちに落としたものかもしれません。

目の前にゴミが落ちているとき、それをさっと拾ってゴミ袋に入れるのが、本来目指したい子どもの姿です。子どもの世界は、年齢とともに少しずつ広がっていきます。その広がりの中で、最初に集団を意識するのが、学級であり、学校であると思います。学校の外で活動する際、本来の目的と合わせて「集団としてどう見られるか?」といった意識を指導していきたいものです。

「落ちているゴミは、○○小学校のゴミ」と声をかけ合いながらゴミを拾い、きれいな状態をみんなで確認することで、集団としての意識を育てましょう。

〈松下　崇〉

自由は常に規制の中にある

宿泊研修の事前指導でのことです。細かなスケジュールを説明し、施設での決まりや振る舞い方についても話しました。

「自由時間が30分間しかない！」「おやつの時間や場所も決まっているのですか？」と、子どもたち。どうやら、もっと自由に楽しめるものだと思っていたようでした。

「『歩道なんて歩きたくない、自分は車道のど真ん中を自由に歩きたいのだ。ナイフを振りかざして歩いたり、大声で叫びながら自由に歩いたりしたってよいだろう。お金はないけど、どうしてもステーキが食べたい。だから、自由に注文するぞ！　隣の人が注文したグラタンがおいしそうだ。自分はあのグラタンを食べたい、だから自由に奪って食べてもいいのだ。』これを、あなたは自由と認めますか。

もちろん、こんなのを自由とは言いません。これらは世間で、自分勝手、得手勝手、わがまま（時に犯罪）といわれる行為です。では、歩く自由、食べる自由とは何でしょう。あなたには、決められた道を、安全規制に従って、好きなときに好きな服を着て、好きな人と（あるいは一人で）街を歩く自由があります。

あなたは、所持金の範囲で、好きなものを好きなだけ注文する自由があります。隣の人が食べているものがおいしそうなら、それを真似て注文する自由もあります。隣の人が分けてあげると言ったなら（ごく稀だと思うけど）、いただいて食べる自由があります。

つまり、自由は常に規制の中にあるものなのです。規制があるから安心して生活ができるのであり、その中でいかに楽しむかが大事なのです。」

自由とは、他人の権利を侵さないときに成立するもの。そのために規制があることを考えさせたいと思います。

〈宇野　弘恵〉

違和感のすすめ

子どもたちを図書室に連れて行きます。そこで言います。

「本が並んでいる棚を見て、どう思いますか。一人一人に聞いていきます。」

「本がぐちゃぐちゃに並んでいます。」「もっときれいに並べるといいと思います。」「破れている本があります。もっと大切に読めばいいと思います。」などの言葉が聞かれます。

「今から、1分あげます。気になった所をきれいにしてください。」

子どもたちは、さっと動きます。あっという間に本がきれいに並びます。

「ありがとう。本がさっきよりとってもきれいになりました。図書室には図書室のルール（きまり）があります。それを一人一人が守るとさっきのようにぐちゃぐちゃにならないですよね。でも、全員がルールをきちんと守ることはなかなか難しいです。そんなときは、今みんなが気になった所に向かって動いたことが大切になってきます。これを『違和感』と言っています。『なんかおかしいぞ』と思う心です。おかしいぞと思ったら、さっと動く。動いて『手本』となる。それが、ルールを破っていた人にルールの大切さを伝えることになります。」

子どもたちには、ルールの大切さを直接話すこともあるけれど、こんなふうにルールを守っている姿からルールの大切さを伝えることもあります。

この後、いろんな場所に連れて行きます。例えば、トイレ。

「ここではどうですか。違和感はないですか。」

そんなふうに聞いていきます。子どもたちに、その場その場でのルールに気がつかせるためです。いろんな場を経験することで「ルール」に目を向ける子が増えてきます。

ルールの大切さは言われなくてもわかっている子が多いです。でも、守れない。そんなときは逆視点で「違和感をもつ」という話から入ります。ルールに目を向けるようになります。

〈福山　憲市〉

無法地帯は楽しくない

子どもたちにルールを守ることの大切さを考えさせるときに、この言葉を用います。

「赤信号、みんなで渡れば怖くない」的な考え方に子どもたちはなりがちです。そうなる前に、先生が叱るのではなく、子どもたちに考えさせたいです。

「もしも、信号を全員が守らなくなったら、どうなると思いますか。」

「ぼろぼろになるよ。」

「交通事故がいっぱい起こる。」

「そうですよね。信号を青になったら通ってよいというのは、交通ルールですね。このルールをみんなが守らなくなった状態を『無法地帯』と呼びます。

無法地帯になったら、ルールを守らなくてもいいから、好き勝手にやれて、楽しくなりますよね。」

「そんなことない。」

「楽しくなんかない。」

「結局みんなが困る。」

「くらしにくくなる。」

「その通りです。ルールが守られない状態、『無法地帯』になってしまったら、結局、生活しにくくて楽しくないんですよね。」

こういうふうに教えておくと、子ども同士の中にも「無法地帯」という言葉を使って友だちに注意を喚起する子どもも出てきます。


完全に崩壊して荒れきったクラスでは、こういうじっくりとした話は通じなくなってしまいます。

〈多賀 一郎〉

想像力は明るい未来をつくる

朝の読書に取り組んでいる学校は多いと思います。また、先生や保護者の図書ボランティアの方が読み聞かせをしていることもあるでしょう。

文部科学省の「子どもの読書活動の推進に関する基本的な計画」に「読書は、子どもが自ら考え、自ら行動し、主体的に社会の形成に参画していくために必要な知識や教養を身に付ける重要な契機となる。特に、社会が急激に変化し、複雑化していく中で、個人が読書活動などを通じて、生涯にわたって絶えず自発的に学ぼうとする習慣を身に付けていくことは大変重要である。」とあります。私も、子どもが本に親しみ、生涯において本が身近にあるような生活を送る人になってほしいと願い、時間を見つけては読み聞かせを行っています。他の読書指導も組み合わせて繰り返すと、本を自然と手に取る子が増えました。しかし、私の願いは生涯にわたって本に親しむことができる子です。これからも、自分から進んで読書をする子になってほしかったので、学年最後の学級通信にメッセージを載せ、それを読み聞かせしました。

「明るい未来を想像できることは、つらく悲しいどん底のときにも目の前の光を見つけられる人になれるということなのです。未来に希望があると思えるから、人は苦しいことも乗り越えられるのです。そこに希望を見出す力こそが、想像力です。想像力は、読書によって、育まれます。

先生が、たくさん絵本を読んだり、みんなに読書をすすめたりする理由は、実はここにあったのですよ。5年生になっても、たくさん本を読んでください。」

これからも、この先もずっと読書に親しんでほしいという願いを、悩みながら文章にして伝えました。

〈戸来　友美〉

おわりに

先生方の「言葉」が並びました。

さすがに人選は間違っていませんでした。この本を読んだ方には、僕のこの言葉の意味は、よくおわかりになるだろうと思います。

それぞれの言葉には、その先生が大切にしている考え方や子どもへの姿勢、そういったものが総合的に表れています。その先生の教師としての姿が垣間見えるといった方がよいでしょう。

子どもたち全員に対して語られる言葉は、全員に同じようにひびくものではありません。学級にはさまざまな子どもたちがいるのですから。ですから、子どもたち一人一人がどうとらえたのか、何らかの形（日記や振り返りジャーナル等）で、子どもたちの声も聞くようにするといいですね。

教師からの一方通行にならなくて済みます。

アレンジして使うのも自由です。自分らしい言葉と言い方を工夫してください。

この本は、２０１5年春に3部作として出版したロケットスタートのシリーズものとして刊行されましたが、以前のチームより、もっと幅広い先生方のご協力ですてきな一冊になりました。「子どもにしみこむいいお話」と合わせてお読みいただくと、かなりのバリエーションがもてると思います。

いろいろな先生方と連絡を取りながらここまで尽力くださった、松川直樹さん、林知里さん、佐藤智恵さんたち、明治図書のロケットプロジェクトチームのみなさんに、深く感謝致します。

多賀　一郎

【編者紹介】

多賀　一郎（たが　いちろう）

チーム・ロケットスタート・コーディネーター。

好きな言葉「**誠実**」

神戸大学附属住吉小学校を経て私立小学校に長年勤務。
現在，追手門学院小学校講師。
専門は国語教育。親塾など，保護者教育に力を注いでいる。また，教師塾やセミナー等で，教師が育つ手助けをしている。絵本を通して心を育てることをライフワークとして，各地で絵本を読む活動もしている。
著書に『ヒドゥンカリキュラム入門』『学級担任のための「伝わる」話し方』『学級づくり・授業づくりがうまくいく！プロ教師だけが知っている50の秘訣』『１から学べる！成功する授業づくり』（以上，明治図書）等多数。

【著者紹介】

チーム・ロケットスタート

よりよいクラスづくりを願う先生のため，その道のスペシャリストが集結し，それぞれの英知を伝承すべく組織された多賀一郎先生をコーディネーターとするプロジェクトチーム。プロのワザを惜しみなく伝えることを信条に，子どもを伸ばし，クラスを育てる珠玉の言葉の数々を大公開。

最高の学級開きのアイデアをまとめた
『安心＆最高のクラスづくり大作戦
学級づくりロケットスタート』
がある。

(低学年)　(中学年)　(高学年)

【チーム・ロケットスタート団員（執筆者）紹介】

（50音順）※所属は執筆時

飯村友和　千葉県佐倉市立青菅小学校

好きな言葉「トラブルはチャンス」＝「トラちゃんが来た！」

宇野弘恵　北海道旭川市立啓明小学校

好きな言葉「見えないことから見ようとする心の目をもつ」

大野睦仁　北海道札幌市立三里塚小学校

好きな言葉「必要なのは，走り続けることじゃない。走り始めることだ」

桔梗友行　兵庫県西宮市立深津小学校

好きな言葉「両忘（善悪・白黒など両極を忘れるという意味）」

桜田恵美子　大阪府豊中市立野畑小学校

好きな言葉「臨機応変」

土作　彰　奈良県広陵町立広陵西小学校

好きな言葉「天職は探すのではない。目の前の仕事を天職にするのだ」

中條佳記　奈良県王寺町立王寺南小学校

好きな言葉「大人も子どもも出会いは大切に　一期一会」

長瀬拓也　同志社小学校

好きな言葉「子どもたちから常に学ぶ姿勢を大切に」

西村健吾　元鳥取県公立小学校教諭
好きな言葉「自分に勝つ！　苦しいときこそノーブレス！」

福山憲市　山口県下関市立勝山小学校
好きな言葉「一生一事一貫（一つのことを貫き通す力をもつ）」

藤木美智代　千葉県船橋市立海神南小学校
好きな言葉「教育とは，夢を語ること。将来への種蒔き」

藤原友和　北海道函館市立昭和小学校
好きな言葉「良薬は口に苦く，忠言は耳に逆らう」

古川光弘　兵庫県赤穂市立原小学校
好きな言葉「覚悟に勝る決断なし！」

戸来友美　北海道千歳市立信濃小学校
好きな言葉「いつも心に太陽を」

松下　崇　神奈川県横浜市立川井小学校
好きな言葉「人に優しく　自分に厳しく」

南　惠介　岡山県和気町立藤野小学校
好きな言葉「君子和而不同。小人同而不和（和して同ぜず，同じて和せず）」

教師の言葉でクラスづくり
クラスを育てるいいお話

2016年4月初版第1刷刊 ©編　者　多　賀　一　郎
2021年1月初版第6刷刊　著　者　チーム・ロケットスタート
発行者　藤　原　光　政
発行所　明治図書出版株式会社
http://www.meijitosho.co.jp
（企画）松川・佐藤（校正）松川・山田
〒114-0023　東京都北区滝野川7-46-1
振替00160-5-151318　電話03(5907)6703
ご注文窓口　電話03(5907)6668

＊検印省略　組版所　株式会社アイデスク

Printed in Japan　ISBN978-4-18-226826-7